ЕДИНЕНИЕ С БОГОМ

Communion with God

Neale Donald Walsch

G. P. PUTNAM'S SONS
NEW YORK

Нил Доналд Уолш

ЕДИНЕНИЕ С БОГОМ

«СОФИЯ»
ИД «ГЕЛИОС»
2002

ББК 86.2(7)
У63

Перевод: *Н. Г. Шпет*

Уолш, Нил Доналд.
У63 Единение с Богом / Пер. с англ. — К.: «София», М.: ИД «Гелиос», 2002. — 256 с. — («Беседы с Богом»)

ISBN 5-344-00148-7 (ИД «Гелиос»)

Большинство людей верят в Бога, они просто не верят в Бога, который верит в них...

Вы научились разговаривать с Богом, вести беседу. Получая в своей дружбе с Богом силу, надежду и любовь, вы возвращаете их, потому что вера — улица с двухстронним движением. Теперь вы узнаете Бога, который верит в вас.

Сначала была беседа. ***Она переросла в дружбу. А теперь мы стоим на пороге духовного единства... Единения с Богом...***

Стоит вам выбрать эту истину, и вы измените свой мир.

ББК 86.2(7)

ISBN 5-344-00148-7 (ИД «Гелиос»)

ОГЛАВЛЕНИЕ

Книги Нила Доналда Уолша

Беседы с Богом, книга 1
Беседы с Богом, книга 2
Беседы с Богом, книга 3
Медитации из «Бесед с Богом», книга 1
Медитации из «Бесед с Богом», книга 2
Личный журнал
Маленькая душа и Солнце
Вопросы и ответы по «Беседам с Богом»
Нил Доналд Уолш и отношения
Дружба с Богом

Богу,
с любовью

Введение

Добро пожаловать на встречу с этой книгой.

Мне хотелось бы обсудить с вами нечто замечательное.

Мне хотелось бы обсудить с вами возможности, которые создала для вас эта книга.

Если вы можете принять то, о чем здесь говорится, я уверен, вы стоите на пороге одного из самых сильных переживаний своей жизни.

А теперь мне хотелось бы обсудить с вами нечто еще более замечательное.

Мне хотелось бы обсудить возможности, которые эта книга создала для вас *с вашей помощью*.

Если вы сможете вообразить мир, где ничто не происходит *для* вас, а все происходит *благодаря* вам, вы получите послание, которое намеревались послать себе самому, и все оно состоит из семи предложений.

Вы не можете требовать книгу с более быстрым вручением послания.

***

Добро пожаловать в этот момент.

Вы «добром пожаловали» сюда, так как этот момент был выбран вами, чтобы привести вас к благословенному переживанию, на пороге которого вы стоите.

Вы стремитесь получить ответы на самые важные жизненные вопросы, вы хотите, чтобы они были быстрыми, серьезными и искренними, иначе вас здесь не было бы.

Этот поиск продолжается внутри вас, независимо от того, сделали вы его основной частью своей внешней жизни или нет; именно это послужило причиной того, что вы взяли в руки эту книгу.

Понимая это, вы разгадываете одну из величайших тайн жизни: *почему все происходит так, как оно происходит.*

И все это — в четырнадцати предложениях.

***

Добро пожаловать на встречу с Создателем.

Это встреча, которой вы не могли избежать. Все люди встречаются с Создателем. Вопрос не в том, состоится встреча или нет, вопрос в том, когда она состоится.

У серьезных людей, стремящихся найти истину, эта встреча происходит раньше. Чистосердечность — это магнит. Она привлекает Жизнь. А Жизнь — это другое слово для обозначения Бога.

Человек, честный в своих поисках истины, честно вознаграждается. Жизнь не станет врать сама себе.

Вот как случилось, что вы оказались здесь, перед этими строками. Вы здесь, и это не случайно. Стоит внимательно подумать о том, как вы здесь оказались, и вы поймете это сами.

Вы верите в Божественное Вдохновение? Я верю. Я верю, что оно посещает вас, как оно посещает меня.

Некоторым не нравится, когда другие говорят, что их вдохновил Бог. Для этого, на мой взгляд, существует несколько причин.

Во-первых, большинство людей не считают, что *их* когда-нибудь вдохновляет Бог, во всяком случае, не самым непосредственным образом — то есть путем непосредственного общения — и, следовательно, любой, сделавший подобное заявление, немедленно вызывает подозрения.

Во-вторых, заявление о том, что Бог — наш вдохновитель, кажется несколько самонадеянным, предполагается, что с вдохновением нельзя ни спорить, ни — принимая во внимание его источник — каким-то образом испытывать недостаток в нем.

В-третьих, многие из тех, кто претендует на Божественное Вдохновение, не самые легкие люди для жизни с ними — подтверждением тому служат Моцарт, Рембрандт, Микеланджело или любой из множества пап, а также масса людей, совершающих прекрасные безумства во имя Бога.

И наконец, тех, кому мы *действительно* верим, что их вдохновляет Сам Бог, мы превращаем в святых, не совсем понимая, что с ними делать или как с ними взаимодействовать обычным образом. Проще говоря, будучи столь замечательными они заставляют нас чувствовать себя неуютно.

Так что мы относимся довольно осторожно ко всем этим «Бог-вот-мой-источник». И, возможно, мы правы. Мы не хотим заглатывать целиком то, что говорят нам другие, только потому, что они утверждают, что несут послание Свыше.

Но как мы можем быть уверены в том, Божественное это Вдохновение или нет? Как мы можем знать, *кто* говорит вечную истину?

О, это замечательный вопрос. Но тут кроется великая тайна. Мы и не должны этого знать. Все, что мы должны знать, — это *наша* истина, а не чья-то еще. Когда мы это понимаем, мы понимаем все. Мы понимаем: то, что говорят другие, и не должно быть Истиной, это лишь должно привести нас к нашей собственной Истине. И так и происходит. Это не может не происходить. Все ведет нас к *нашей* глубочайшей истине. *В этом его назначение.*

По существу, в этом назначение самой Жизни.

Жизнь есть истина, открывающаяся Сама Себе.

Бог есть Жизнь, открывающаяся Сама Себе.

Даже если бы вы захотели, вы не можете остановить этот процесс. Но вы можете его ускорить.

Это именно то, что вы здесь делаете.

Вот почему вы пришли к этой книге.

Эта книга не претендует на то, чтобы быть Истиной. Ее предназначение — вести вас к *вашей* глубочайшей мудрости. Для того чтобы она это сделала, вам не обязательно соглашаться с ее содержанием. Фактически, не имеет значения, согласны вы или нет. Если вы согласны, значит, вы видите в этой книге собственную мудрость. Если нет, значит, вы не видите в ней собственной мудрости. В любом случае она покажет вам путь к вашей собственной мудрости.

Поэтому поблагодарите себя за эту книгу, ведь она уже вернула вам ясность относительно одного очень важного момента: *Высший авторитет — внутри вас.*

Это объясняется тем, что у каждого из нас существует непосредственная связь с Божественным.

Любой из нас обладает способностью получить доступ к вечной мудрости. Я действительно верю, что Бог вдохновляет всех нас, постоянно. И, хотя у каждого из нас есть этот опыт, некоторые решают назвать его как-то иначе:

- Интуитивная прозорливость
- Совпадение
- Удача
- Случайность
- Аномальное переживание
- Неожиданная встреча
- А может быть, даже Божественное Вмешательство

Похоже, мы готовы признать, что Бог вмешивается в нашу жизнь, но не в состоянии охватить представление о том, что непосредственно Бог может вдохновлять нас думать, писать, говорить или делать конкретные вещи. Нам кажется, что это заходит слишком далеко.

Я собираюсь зайти слишком далеко.

Я собираюсь заявить:

Я уверен, Бог вдохновил меня написать эту книгу, а вас — взять ее в руки.

Теперь давайте попробуем установить причины, по которым вы относитесь к этой идее с такой осторожностью.

Во-первых, мне совершенно ясно — и я уже об этом говорил, — что нас всех всегда вдохновляет Бог. Я не хочу сказать, что мы с вами уникальны или что Бог посылает нам исключительную силу или дарует нам какое-то особое разрешение, позволяющее установить связь с Божественным. Я уверен, что каждый человек способен постоянно поддерживать такое общение и что, когда бы мы ни решили, мы можем испытать это вполне сознательно. По существу, насколько я понимаю, именно это обещает большинство религий мира.

Во-вторых, я не думаю, что, если кто-то испытал момент открытого соприкосновения с Божественным, его высказывания, поступки или писания следует считать непогрешимыми. При всем своем уважении к любой религии или движению, которые утверждают, что их основатель или нынешний лидер непогрешим, я считаю, что вдохновленные Богом люди тоже могут делать ошибки. И я уверен, что они их делают регулярно. Поэтому я не считаю, что каждое слово Библии, Бхагавад-Гиты или Корана является неоспоримой истиной, что каждое высказывание папы, выступающего *ex cathedra*, верное или что любой поступок Матери Терезы был правильным и прекрасным поступком в каждый конкретный момент. Я действительно верю, что Мать Терезу вдохновил Бог, но Божественное вдохновение и непогрешимость — это не одно и то же.

В-третьих, со мной было бы очень трудно жить (никто не знает это лучше, чем те, кто живет рядом со мной), и, хотя я не утверждаю, что вы несовершенны, я не думаю, что мое собственное несовершенство лишает меня права на получение Божьей помощи и непосредственного руководства. На самом деле *я уверен в противоположном*.

И наконец, я не думаю, что мне угрожает опасность стать «святым» до такой степени, чтобы люди начали испытывать неловкость. На самом деле как раз наоборот. Если люди, находясь рядом со мной, чувствуют себя неуютно, это происходит, по-видимому, потому, что я недостаточно святой. Это испытание моих слов. Это очень непросто — жить в соответствии с тем, о чем говоришь.

Я могу писать очень вдохновенные вещи, я могу говорить очень вдохновенные вещи, но иногда ловлю себя на том, что делаю не очень вдохновенные вещи.

Я в пути, и отнюдь еще не достиг места назначения. Но — хотя это и могло бы случиться — я не попал в тупик. Единственное, что действительно отличает меня сегодняшнего от меня вчерашнего, это то, что сегодня я по меньшей мере *нашел* путь. И в то же время для меня это большой шаг вперед. Я потратил большую часть жизни, даже не зная, куда иду, а потом удивлялся, почему я туда не попал.

Теперь я знаю, куда я иду. Я иду Домой, назад к полному осознанию и ощущению своего единения с Богом. И ничто не может мне помешать туда попасть. Бог дал обещание. И я, наконец, верю этому обещанию.

Кроме того, Бог показал мне путь. По существу, не *конкретный* путь, а просто *путь*. Потому что величайшая правда Бога состоит в том, что нет единого пути Домой — этих путей много. Существуют тысячи путей к Богу, и каждый из них приведет вас к Нему.

На самом деле, все пути ведут к Богу. Потому что просто не существует другого места, куда можно было бы идти.

Об этом рассказывает лежащая перед вами книга. Она рассказывает о том, как прийти Домой. В ней обсуждается переживание Единства с Божественным, или то, что мне хочется называть *единением с Богом*. Она описывает путь к этому переживанию, путь через наши иллюзии к Конечной Реальности.

В этой книге звучит один голос. Я верю, что через меня, через вас передается голос Бога, вдохновение Бога, присутствие Бога. Если бы я не верил, что голос Бога, вдохновение Бога и присутствие Бога могут передаваться через любого из нас, я должен был бы отказаться от своей веры в то, что Бог мог вдохновить все религии мира.

Я не склонен делать это. Я верю, что в этом религии правы: Бог действительно входит в нашу жизнь, он реально в ней присутствует, и мы не должны быть ни святыми, ни мудрецами, чтобы это произошло.

Я не нуждаюсь в том, чтобы вы разделили мои убеждения или поверили любому слову, написанному на этих страницах. По правде говоря, я чувствовал бы себя счастливее, если бы этого не случилось. Не верьте ничему, что вы здесь обнаружите.

Узнавайте.

Просто узнавайте.

Узнайте, является ли что-то из того, что вы прочитаете, вашей истиной. Если это так, это будет звучать как истина — потому что вы воссоединитесь со своей глубочайшей мудростью. Если нет, вы опять-таки узнаете это, воссоединившись со своей глубочайшей мудростью. В любом случае, вы получите огромную пользу, ведь в этот момент воссоединения вы испытаете *свое собственное единение с Богом.*

А это то, к чему вы стремились, когда пришли сюда.

К этим страницам.

И на эту планету.

Будьте благословенны
Нил Доналд Уолш
Ашленд, штат Орегон
Июль 2000 года

Прелюдия

Бог говорил с вами много раз, самыми разными способами, в течение многих лет, но редко так непосредственно, как сейчас.

На этот раз я говорю с вами так, *как будто* это говорите Вы. За всю историю человечества подобные случаи можно перечислить по пальцам.

Немногие имеют мужество услышать Меня таким образом — как самих себя. И еще меньше тех, кто делится с другими тем, что услышал. Те немногие, кто слышит и делится, изменяют мир.

Среди них Эзоп, Конфуций, Лао-цзы, Будда, Мухаммед, Моисей и Христос.

А также Чжуан-цзы, Аристотель, Хуан-по, Саара, Махавира, Кришнамурти.

А еще — Парамаханса Йогананда, Рамана Махарши, Кабир, Ральф Уолдо Эмерсон, Тич Нхат Ханх, Далай-Лама, Элизабет Клинтон.

Как и Шри Ауробиндо, Мать Тереза, Меер Баба, Махатма Ганди, Калил Джебран, Баха'Аллах, Эрнст Холмс, Саи Баба.

К ним относятся Жанна д'Арк, Франциск Ассизский, Джозеф Смит... и многие другие, не упомянутые здесь. Этот список можно было бы продолжить. И все же, по сравнению с общим количеством людей, населяющих нашу планету, их число ничтожно мало.

Эти немногие — Мои посланники, поскольку все они несли истину в своих сердцах, в лучшем смысле, в каком они ее понимали, так целомудренно, как умели. И хотя каждый из них при этом пользовался несовершенным фильтром, они познакомили вас с замечательной мудростью, оказавшей благотворное воздействие на все человечество.

Удивительно то, насколько похожими были их озарения. Полученные в самое разное время и в самых разных местах, разделенные не одним столетием, они могли быть с равным успехом произнесены в одно и то же время, столь незначительны расхождения между ними и столь велика их общность.

Пришло время расширить этот список, включив в него тех, кто живут сегодня, моих последних посланников.

Мы будем говорить одним голосом.

Пока не перестанем это делать.

Вы сделаете этот выбор, даже если он уже вами сделан. Потому что в каждый Момент Сейчас вы принимаете свое решение и объявляете о нем своими действиями.

С самого начала ваши мысли — Мои мысли, и Мои мысли — ваши. Ибо с самого начала не может быть другого пути. Существует только один Источник Того, Что Есть, и этим одним Источником *есть* То, Что Есть.

Все исходит из этого Источника, потом пронизывает Бытие всего остального и проявляется в виде индивидуаций Целого.

Индивидуальные интерпретации послания рождают чудо Единства во многих формах.

Единство во многих формах — это именно то, что вы называете Жизнью.

Жизнь есть Бог, его интерпретация. То есть Бог, *превращенный* во множество форм.

Первый уровень превращения — из единого нефизического в индивидуализированное нефизическое.

Второй уровень превращения — из индивидуализированного нефизического в индивидуализированное физическое.

Третий уровень превращения — из индивидуализированного физического в единое физическое.

Четвертый уровень превращения — из единого физического в единое нефизическое.

После этого Жизненный цикл завершается.

Непрерывный процесс превращения Бога приводит к бесконечному разнообразию в пределах единства Бога. Это разнообразие единства и есть то, что я называю «индивидуацией». Это индивидуальное выражение не того, что разделено, а того, что может быть выражено индивидуально.

***

Для Меня цель индивидуального выражения — через переживания Своих частей пережить Свое Я как целое. И хотя целое больше суммы его частей, Я могу это испытать, только зная их сумму.

Это и есть, кто вы есть.

Вы есть Сумма Бога.

Я уже говорил вам это много раз, и многим из вас слышится *сын** Бога. Это тоже правильно. Вы — сыновья и до-

* Английское слово *sum* (сумма) отличается от слова *son* (сын) одним звуком «м».

чери Бога. И какие бы ярлыки или имена вы ни использовали, все сводится к одному и тому же: Вы есть Конечная Цель Бога.

То же можно сказать обо всем, что вас окружает. Обо всем, что вы видите и чего не видите. Все, Что Есть, Все, Что Когда-либо Было, и Все, Что Когда-либо Будет, есть Я. И все, что Я есть, Я есть сейчас.

Я Есть То, Что Я Есть, — как я уже говорил вам много раз.

Нет ничего, чем Я был когда-либо и перестал бы им быть. И нет ничего, чем Я когда-либо буду и чем не являюсь сейчас. Я не могу стать ничем, чем Я сейчас не являюсь, как и не могу перестать быть тем, чем Я однажды был.

Так было вначале, так есть сейчас и так будет всегда, мир не имеет конца. Аминь.

Я пришел к вам сейчас, в этот день и час, когда вы вступаете в новое тысячелетие, чтобы вы могли начать новую тысячу лет по-новому: познав, наконец, Меня, впервые выбрав Меня и будучи Мною всегда, всеми способами.

В выборе времени нет ошибки. Я начал эти новые откровения в начале прошлого десятилетия, они были продолжены в Моих беседах с вами на протяжении последних лет столетия, и в последние мгновения прошлого тысячелетия они напомнили вам, как можно подружиться со Мной*.

Сейчас, в первый год нового тысячелетия, я говорю с вами одним голосом, чтобы мы могли испытать единение.

Стоит вам избрать это ощущение единения с Богом, и вы, наконец, узнаете покой, радость без границ, любовь в полном ее выражении и полную свободу.

---

* «Дружба с Богом». «София», Киев, 2001 г.

Стоит вам выбрать эту истину — и вы измените свой мир.

Стоит вам выбрать эту реальность, — и вы создадите ее и наконец полностью испытаете, Кто Вы Действительно Есть.

Это будет самым трудным из всего, что вам когда-либо приходилось делать, и это будет самым легким из всего, что вам когда-либо приходилось делать.

Это будет самым трудным из всего, что вам когда-либо приходилось делать, ведь вы должны будете отказаться от того, кто, по вашему мнению, вы есть, и перестать отрицать Меня.

Это будет самым легким из всего, что вам когда-либо приходилось делать, ибо вам ничего не придется делать.

Все, что вам нужно делать, — это быть, и все, чем вам нужно быть, — это быть Мной.

Но даже это не будет актом воли, а просто признанием. Для этого не потребуется действия, только признание.

Я всегда ищу этого признания. Даруя Мне признание, вы впускаете Меня в свою жизнь. Вы признаете, что вы и Я — Одно. Это ваш билет в царство небесное. Сказано: *Признай Единого.*

***

Когда Я получаю доступ в ваши сердца, вы получаете доступ в царство небесное. И ваше царство небесное возможно на Земле. Каждый может по-настоящему чувствовать себя «на Земле, как на небе», когда время отделенности заканчивается и вы стоите на пороге времени объединения.

Объединения со Мной, объединения со всеми другими, объединения со всем живущим.

Я пришел именно для того, чтобы сказать вам это еще раз, через сегодняшних посланников. Вы будете знать их как Моих посланников, потому что все они принесут одно и те же послание:

Мы Все Одно.

Это единственное послание, которое имеет значение. Это единственное имеющееся послание. Все остальное в Жизни — отражение этого послания. Все остальное шлет его.

То, что вам до сих пор не удавалось его получить (вы часто его *слышали*, но вы его *не воспринимали*), явилось причиной всех выпавших на вашу долю страданий, горя, конфликтов, душевных мук. Это причина всех убийств, войн, насилий и грабежей, всех нападений и атак, психических, вербальных и физических. Это причина всех недомоганий и болезней, причина каждой встречи с тем, что мы называем «смертью».

Представление о том, что мы *не* есть Одно, — иллюзия.

***

Большинство людей верят в Бога: они просто не верят в Бога, который верит *в них.*

Но Бог верит в них. И Бог любит их сильнее, чем большинство из них могут себе представить.

Представление о том, что Бог давным-давно превратился в каменное изваяние и перестал говорить с людьми, ложно.

Представление о том, что Бог разгневался на людей и изгнал их из Рая, ложно.

Представление о том, что Бог взял на Себя роль судьи и присяжных и решает, кого отправить на небо, а кого в ад, ложно.

Бог любит любое человеческое существо, которое жило когда-то, живет сейчас или когда-нибудь будет жить.

Бог хочет, чтобы каждая душа вернулась к Богу, и это желание Бога не может не быть выполнено.

Бог не отделен ни от чего, и ничто не отделено от Бога.

Нет ничего, в чем Бог нуждается, потому что Бог — это все, что существует.

Это хорошие новости. Все остальное — иллюзия.

Человечество долго жило в иллюзии. И не потому, что люди глупы, а потому, что люди очень сообразительны. Люди интуитивно понимали, что у иллюзий есть свое назначение, и очень важное. Большинство людей просто забыли, что они знают это.

И они забыли, что *их забывчивость сама является частью того, о чем они забывают*, — а значит, частью иллюзии.

Пришло время вспомнить об этом.

Вы — один из тех, кто пойдет в авангарде этого процесса. Учитывая то, что происходит в вашей жизни, в этом нет ничего удивительного.

Вы пришли к этой книге, чтобы вспомнить о Человеческих Иллюзиях, чтобы больше никогда не попадать в их ловушку, а еще раз в своей жизни достигнуть единения с Богом, осознав Конечную Реальность.

То, что вы это делаете, прекрасно. И это, конечно, не случайность.

Вы пришли сюда, так что вы сможете *на опыте* узнать, что Бог обитает у вас внутри и что, как только вы захотите, вы можете встретиться с Создателем.

Создателя можно почувствовать и найти внутри себя и во всем, что вас окружает. Но вы должны отказаться от Человеческих Иллюзий. Вы должны их игнорировать.

Ниже названы десять иллюзий. Хорошо ознакомьтесь с этими иллюзиями, чтобы, встретившись с ними, вы могли их узнать.

1. Существует Потребность

2. Существует Неудача

3. Существует Отделенность

4. Существует Нехватка

5. Существует Необходимое Условие

6. Существует Суд

7. Существует Осуждение

8. Существует Обусловленность

9. Существует Превосходство

10. Существует Неведение

Первые пять — это физические иллюзии, связанные с жизнью в вашем физическом теле. Вторые пять — метафизические иллюзии, связанные с нефизическими реальностями.

В этой беседе будет подробно рассмотрена каждая из этих иллюзий. Вы увидите, как каждая из них была создана и как каждая влияет на вашу жизнь. И прежде, чем это общение подойдет к концу, вы также увидите, как можно уничтожить любые влияния этих иллюзий, какие вы захотите уничтожить.

Первый шаг в любом по-настоящему открытом разговоре — ваша готовность отказаться от своего неверия в то, что вы слышите. Придется попросить вас об этом сейчас.

Откажитесь, пожалуйста, на время от любых своих предыдущих представлений о Боге и Жизни.

К этим своим представлениям вы сможете вернуться в любой момент. Речь не идет о том, чтобы вы оставили их навсегда, просто отложите их на мгновение в сторону, чтобы *допустить возможность, что может быть что-то такое, чего вы не знаете и знание чего могло бы все изменить.*

Рассмотрите, например, свою реакцию на представление о том, что Бог прямо сейчас общается с вами.

В прошлом вы находили любые причины для того, чтобы не принимать возможности настоящего разговора с Богом. Я собираюсь попросить вас отложить эти мысли в сторону и допустить, что вы получаете это послание непосредственно от Меня.

Чтобы вам легче было это сделать, Я часто буду говорить о Себе в третьем лице. Я понимаю, что вам будет немного не по себе постоянно слышать Меня от первого лица. Так что, хотя Я иногда буду это делать (просто чтобы напомнить вам, кто дает вам всю эту информацию), в основном, Я буду говорить о Себе просто Бог.

Хотя поначалу получение непосредственного послания от Божественного может вам показаться невероятным, помните, что вы установили эту связь, чтобы вспомнить наконец, Кто Вы Есть в Действительности, и об иллюзиях, которые вы создаете. Скоро вы до конца поймете, что вы сами послужили причиной того, что эта книга попала к вам в руки.

А теперь просто слушайте Меня, когда Я говорю вам, что большую часть своей жизни *вы живете в иллюзии.*

Десять Человеческих Иллюзий — это очень большие, очень мощные иллюзии, созданные вами на самой ранней стадии вашего земного опыта. И каждый день вы создаете сотни более мелких иллюзий. Поскольку вы верите им, вы создаете миф, лежащий в основе вашей культуры, который позволяет вам жить этими иллюзиями и, таким образом, делать их реальными.

Они, конечно, не являются *реальными на самом деле*. И тем не менее вы создаете мир Алисы в стране чудес, где они, право, кажутся очень реальными. И, подобно Безумному Шляпнику, вы будете отрицать, что то, что Ложно, ложно, а то, что Реально, реально.

Фактически, вы это делаете очень давно.

Миф вашей культуры — это миф, передающийся из поколения в поколению столетиями и тысячелетиями. Это миф, который вы рассказываете себе о себе.

Поскольку Миф вашей культуры зиждется на иллюзиях, вместо того, чтобы помочь понять реальность, он рождает новые мифы.

Миф Человеческой культуры заключается в следующем:

1. У Бога есть программа (Существует Потребность).
2. Результат жизни сомнителен (Существует Неудача).
3. Вы отделены от Бога (Существует Отделенность).
4. Всего недостаточно (Существует Нехватка).
5. Существует нечто, что вы должны делать (Существует Необходимое Условие).
6. Если вы этого не сделаете, вы будете наказаны (Существует Суд).

7. Наказание — это вечное проклятие (Существует Осуждение).

8. Следовательно, любовь выдвигает какие-то условия (Существует обусловленность).

9. Знание условий и их соблюдение дает вам превосходство (Существует превосходство).

10. Вы не знаете, что это иллюзии (Существует неведение).

Этот миф настолько укоренился в вас, что вы сейчас целиком и полностью живете согласно этому мифу. Просто, говорите вы друг другу, «именно так все происходит».

Вы повторяете это друг другу на протяжении столетий. И даже тысячелетие за тысячелетием. Фактически, так долго, что эти иллюзии и вымыслы обрастают новыми мифами. Некоторые из самых выдающихся мифов сводятся к следующим концепциям:

- Да будет воля Твоя
- Выживают наиболее приспособленные
- Трофеи принадлежат победителю
- Вы рождены в Первородном Грехе
- Возмездие за грех — смерть
- Мне отмщение, говорит Господь
- Если вы чего-то не знаете, вам это только на пользу
- Знает только Бог

...и множество других, столь же разрушительных и бесполезных.

Исходя из этих иллюзий, выдумок и мифов — не имеющих ничего общего с Конечной Реальностью — люди создали свое представление о Жизни:

«Мы приходим во враждебный мир, управляемый Богом, который хочет, чтобы мы что-то делали и чего-то не делали, и который накажет нас вечными муками, если мы поймем что-то неправильно.

Первое наше переживание в Жизни — отделение от матери, Источника нашей Жизни. Это создает контекст всей нашей действительности, который мы воспринимаем как контекст отделения от Источника Всей Жизни.

Мы не только отделены от всей Жизни, но и от всего остального в Жизни. Все, что существует, существует отдельно от нас. И мы отделены от всего, что существует вне нас. Мы не хотим, чтобы так было, но так есть. Мы хотим, чтобы было иначе, и, конечно, боремся за то, чтобы было иначе.

Мы стремимся опять испытать Единство со всем, что нас окружает, и особенно друг с другом. Мы можем точно не знать почему, но, похоже, это происходит почти инстинктивно. Делать это кажется вполне естественным. Единственная проблема заключается в том, что, видимо, нет столько другого, чтобы нас удовлетворить. Что бы ни было это другое, которого мы хотим, видимо, мы не можем получить его в достаточном количестве. Мы не можем получить достаточно любви, мы не можем получить достаточно времени, мы не можем получить достаточно денег. Что бы нам ни казалось необходимым для того, чтобы мы чувствовали себя счастливыми и удовлетворенными, мы не можем получить этого достаточно. В тот момент, когда мы думаем, что имеем достаточно, мы решаем, что хотим больше.

Поскольку всего, в чем, по нашему мнению, мы нуждаемся, «недостаточно», мы вынуждены «делать свое дело» («заниматься ерундой»), чтобы получить столько, сколько мы можем получить. За все мы должны платить, начиная от любви Бога и заканчивая естественным даром Жизни. Просто «быть живым» недостаточно. Поэтому мы, как и все в Жизни, недостаточны.

Поскольку просто «быть» недостаточно, начинается состязание. Если здесь чего-то недостаточно, мы вынуждены состязаться за то, что здесь есть.

Мы вынуждены состязаться за все, включая Бога.

Это суровое состязание. Речь идет о нашем выживании. В этой борьбе выживают только самые приспособленные. И победителю принадлежат все трофеи. Проиграв, мы получаем ад на Земле. И после смерти, если мы оказываемся в роли проигравших в состязании за Бога, мы опять попадаем в ад — на этот раз навсегда.

Смерть действительно создана Богом, потому что наши предки сделали плохой выбор. Адама и Еву ждала вечная жизнь в Саду Эдема. Но Ева съела плод с древа Познания Добра и Зла, и разгневанный Бог изгнал их с Адамом из Рая. Этот Бог приговорил их и всех их потомков на веки вечные к смерти как к первому наказанию. С этого времени жизнь в теле должна была стать ограниченной, больше ничего вечного, и таким должен был стать материал Жизни.

Но Бог вернет нам нашу вечную жизнь, если мы никогда больше не нарушим Его правил. Любовь Бога к нам безоговорочна, только о наградах его этого сказать нельзя. Бог любит нас даже тогда, когда обрекает на вечные муки. Это причиняет Ему большую боль, чем нам, потому что Он действитель-

но хочет, чтобы мы вернулись домой, но Он ничего не может с этим поделать, если мы дурно себя ведем. Выбор за нами.

Следовательно, весь фокус в том, чтобы не вести себя дурно. Мы должны прожить хорошую жизнь. Мы должны изо всех сил к этому стремиться. Чтобы сделать это, мы должны знать правду о том, чего Бог от нас хочет и чего не хочет. Мы не сможем угодить Богу и не сможем перестать вызывать Его раздражение, если не будем уметь отличать хорошее от плохого. Поэтому мы должны знать об этом правду.

Правда проста для понимания, и узнать ее легко. Все, что нам нужно делать, это прислушиваться к пророкам, учителям, мудрецам, а также к источнику и основателю нашей религии. Если существует больше одной религии и, следовательно, больше одного источника и основателя, мы должны быть уверены, что выбрали правильные. Выбрав неправильную религию, мы попадаем в разряд проигравших.

Выбрав правильную религию, мы обретаем превосходство, мы становимся лучше себе подобных, потому что правда на нашей стороне. Это пребывание среди «лучших» позволяет нам требовать большинство призов в соревнованиях, хотя, фактически, мы за них не боролись. Мы начинаем объявлять себя победителями еще до начала соревнований. Мы не осознаем, что даем себе все преимущества и пишем свои «Правила Жизни» таким образом, что некоторых других почти лишаем возможности завоевывать по-настоящему большие призы.

Мы делаем это не из подлости, а просто ради того, чтобы гарантировать, что победа останется за нами — что было бы только справедливо, ибо это правила нашей религии, нашей национальности, нашей расы, нашего рода, наших убеждений, которые знают истину и, следовательно, достойны быть победителями.

Поскольку мы достойны того, чтобы быть победителями, мы имеем право угрожать остальным, бороться с ними, даже, в случае необходимости, убивать их, чтобы добиться своего.

Может быть, существует другой способ жить, может быть, у Бога на уме было что-то другое, большая правда, но, если это и так, мы об этом не знаем. Фактически, не ясно даже, предполагалось ли, что мы должны знать эту правду. Возможно, мы даже не должны пытаться ее узнать, тем более по-настоящему узнать и понять Бога. Попытки слишком самонадеянны, а заявить, что вы действительно делаете это, — богохульство.

Бог — Непознаваемый Знающий, Неподвижная Движущая Сила, Великий Невидимый. Следовательно, мы не можем знать правду, которую нам необходимо знать, чтобы выполнять условия, которые нам необходимо выполнять, чтобы получить любовь, которую нам необходимо получить, чтобы избежать осуждения, которого мы стремимся избежать, чтобы иметь вечную жизнь, которую мы имели до того, как все это началось.

Наше невежество плачевно, но оно не должно превратиться в проблему. Все, что нам нужно сделать, это принять то, что, как мы думаем, мы действительно знаем — миф нашей культуры, — на веру и поступать соответствующим образом. Именно это мы пытаемся делать, каждый согласно собственным убеждениям, и в результате мы пришли к той жизни, которой мы живем, к той действительности на Земле, которую мы создаем.

***

Именно так формировалось большинство человеческих рас. У каждой есть незначительные отличия, но, в сущности, именно так вы живете, оправдывая принимаемые вами решения и пытаясь давать разумные объяснения тому, к чему они приводят.

Некоторые из вас не принимают всех этих утверждений, но все вы принимаете некоторые из них. И вы принимаете их как действующую реальность не потому, что они отражают вашу глубинную мудрость, а потому, что *кто-то другой сказал вам, что это истина.*

На каком-то уровне вы вынуждены заставить себя поверить этому.

Это называется фантазиями.

Но уже пришло время перейти от фантазий к реальности. Это будет нелегко, потому что Конечная Реальность значительно отличается от того, что многие в вашем мире сейчас договорились считать реальностью. Вы, в буквальном смысле, должны будете быть «в этом мире, но не принадлежать ему».

И какая бы цель стояла перед вами, если бы ваша жизнь шла хорошо? Никакой. Никакой цели не было бы. Если вы удовлетворены своей жизнью и миром, такими, как они есть, — нет причин искать, как изменить эту реальность, и все фантазии больше не нужны.

Это послание для тех, кто не удовлетворен таким миром, каким он является.

***

Сейчас мы рассмотрим одну за другой все Десять Иллюзий. Вы увидите, как каждая иллюзия заставляет вас создавать на своей планете ту жизнь, какой вы сейчас живете.

Вы увидите, что каждая иллюзия строится на предыдущей. Многое звучит очень похоже. Это происходит потому, что они *действительно* похожи. Все эти иллюзии — просто вариации Первой Иллюзии. Каждая из них — еще большее искажение начального искажения.

Вы также увидите, что каждая новая иллюзия создается, чтобы исправить слабое место предыдущей. Наконец, устав от исправления слабых мест, вы просто решаете, что не понимаете ни одного из них. Это последняя Иллюзия: Существует Неведение.

Это позволяет вам пожимать плечами и отказываться от попыток раскрыть тайну.

Но эволюционирующий ум не может позволить слишком долго допускать подобное отступление. Всего через несколько тысячелетий — очень короткий для истории Вселенной срок — вы придете туда, где неведение больше не будет блаженным.

Близко то время, когда вы подниметесь над примитивной культурой. Близко то время, когда вы совершите квантовый скачок в своем понимании. Близко время, когда вы распознаете... ДЕСЯТЬ ИЛЛЮЗИЙ.

Часть I

Десять человеческих иллюзий

1

Иллюзия Потребности

Первая Иллюзия заключается в следующем:
СУЩЕСТВУЕТ ПОТРЕБНОСТЬ

Это не только Первая Иллюзия, это еще и самая большая иллюзия. На этой иллюзии построены все остальные.

Все, что вы сейчас испытываете в жизни, все, что ощущаете из минуты в минуту, зиждется на этом представлении и на том, что вы по этому поводу думаете.

Никакой потребности во Вселенной не существует. Потребность в чем бы то ни было можно испытывать только в том случае, если необходимо получить конкретный результат. Вселенная не требует конкретного результата. Вселенная *есть* результат.

Точно так же не может существовать потребности с точки зрения Бога. Бог мог бы испытывать в чем-то потребность только в том случае, если бы Богу был нужен конкретный результат. Бог не требует никакого конкретного результата. Бог — это то, что создает *все* результаты.

Если бы Бог нуждался в чем-нибудь, чтобы получить результат, где бы Бог взял это? Нет ничего, что существовало бы вне Бога. Бог — это Все, Что Есть, Все, Что было, и Все,

Что Когда-либо Будет. Не существует ничего, что не было бы Богом.

Возможно, вам легче будет понять эту мысль, если вместо слова «Бог» вы воспользуетесь словом «Жизнь». Оба слова взаимозаменяемы, так что смысл при этом останется прежним: вам просто легче будет понять, о чем идет речь.

Не существует ничего, что не было бы Жизнью. Если бы Жизнь нуждалась в чем-нибудь, чтобы получить результат, где бы Жизнь взяла это? Нет ничего, что существовало бы вне Жизни. Жизнь — это Все, Что Есть, Все, Что было, и Все, Что Когда-либо Будет.

Богу не нужно, чтобы происходило что-то, кроме того, что происходит.

Жизни не нужно, чтобы происходило что-то, кроме того, что происходит.

Вселенной не нужно, чтобы происходило что-то, кроме того, что происходит.

Такова природа вещей. *Это* то, что есть, а не то, что вы можете себе вообразить.

В своем воображении вы создали представление о Потребности, исходя из своего опыта, который говорит вам, что вам что-то нужно, чтобы выжить. Но представьте, что вас не волнует, живы вы или мертвы. Тогда что вам нужно?

Вообще ничего.

А теперь слушайте правду о себе: не выжить невозможно. Вы не можете *перестать* жить. Вопрос не в том, *будете* ли вы жить, вопрос в том, *как* вы будете жить. То есть какую форму вы примете? Каким будет ваш опыт?

Я говорю вам это: Вам ничего не нужно, чтобы выжить. Ваше выживание гарантировано. Я дал вам вечную жизнь, и Я никогда не отберу ее у вас.

Слушая это, вы можете сказать: да, но выживание — это одно, а счастье — совсем другое. Вы можете вообразить, что вам что-то нужно, чтобы при этом быть *счастливым* — что вы можете быть счастливы только при некоторых определенных условиях. Это неправда, но вы верите в то, что это должно быть правдой. А поскольку убеждение рождает опыт, вы стали ощущать жизнь именно таким образом, и в результате придумали Бога, который тоже должен ощущать жизнь таким образом. Но для Бога это столь же далеко от правды, как и для вас. Единственная разница в том, что Бог *знает это*.

Когда *вы* будете знать это, вы будете подобны Богу. Вы сможете управлять своей жизнью, и вся ваша действительность изменится.

А теперь Я вам открою великую тайну: Счастье не создается в результате определенных условий. Определенные условия создаются в результате счастья.

Это настолько важное утверждение, что его стоит повторить.

Счастье не создается в результате определенных условий. Определенные условия создаются в результате счастья.

Это утверждение остается справедливым также для любого другого состояния бытия.

Любовь не создается в результате определенных условий. Определенные условия создаются в результате любви.

Сострадание не создается в результате определенных условий. Определенные условия создаются в результате сострадания.

Изобилие не создается в результате определенных условий. Определенные условия создаются в результате изобилия.

Подставьте любое состояние бытия, какое только можете вообразить или придумать. Истина всегда будет заключаться в том, что Наличие предшествует переживанию и создает его.

Не поняв этого, вы вообразили, что для того, чтобы вы были счастливыми, что-то должно произойти, — точно так же вы вообразили Бога, для которого справедлива та же истина.

Но если Бог — Первопричина, что может произойти такого, что Бог не заставил бы произойти в первую очередь? И если Бог всесилен, что может произойти такого, чего не выбрал Бог?

Что может произойти такого, чего Бог не мог бы остановить? И если Бог решил *не* останавливать этого, не является ли само это явление чем-то таким, что выбрал Бог?

Конечно, является.

Зачем же тогда Бог позволяет происходить тому, что делает Его несчастным? На этот вопрос есть один ответ, принять который вы не можете:

Ничто не делает Бога несчастным.

Вы не можете поверить в это, ибо для этого вы должны поверить в Бога без потребностей и суждений, а вы не способны вообразить такого Бога. Вы не способны вообразить такого Бога, потому что вы не способны вообразить такого *человека*. Вы не верите, что *вы* можете жить таким образом, — а *вы не можете представить Бога величественнее вас.*

Когда вы, наконец, поймете, что вы *можете* жить таким образом, вы будете знать о Боге все, что можно знать.

Мастера знают это. Прямо сейчас по вашей планете ходят Мастера, знающие это. Эти Мастера пришли из разных традиций, религий и культур, но у всех у них есть одно общее качество:

Ничто не может сделать Мастера несчастным.

На ранней стадии вашей примитивной культуры большинство людей не достигали этой стадии мастерства. Их единственным желанием было избежать несчастья или боли. Их осознание было слишком ограниченным, чтобы понять, что боль не должна делать человека несчастным, поэтому их жизненная стратегия строилась вокруг того, что позднее получило название Принципа Удовольствия. Их привлекало то, что доставляло им удовольствие, и отталкивало то, что лишало удовольствия (или причиняло боль).

Так родилась Первая Иллюзия, представление о Существовании Потребности. Это то, что можно назвать первой ошибкой.

Потребности не существует. В действительности, чтобы быть счастливыми, вы ни в чем не нуждаетесь.

Счастье — это состояние ума.

Это то, чего люди на ранней стадии не могли постичь. И, поскольку им казалось, что для того, чтобы быть счастливыми, им что-то нужно, они решили, что то же должно быть справедливо для всей Жизни. Сюда они включили и ту часть Жизни, которую они понимали как Высшую Силу — силу, о которой последующие поколения составили представление как о живом существе, наделив его самыми разными именами, среди которых были Аллах, Яхве, Иегова и Бог.

Людям на ранней стадии их развития нетрудно было представить силу, более могущественную, чем они. Фактически, это было даже необходимо. То, что не поддавалось их контролю, требовало какого-то объяснения.

Ошибка была не в допущении, что существует такое понятие, как Бог (объединенная сила и объединенная энергия Всего, Что Существует), а в допущении, что эта Абсолютная Сила и Полная Энергия вообще может в чем-то нуждаться; что счастье или удовлетворенность, совершенство или реализация возможностей Бога каким-то образом могут зависеть от чего-нибудь или кого-нибудь еще.

Это все равно что сказать, что Полнота не полная, что она нуждается в чем-то, что *сделает* ее полной. Здесь явное несоответствие *понятий* — но вы не видите этого. Многие сегодня этого не видят.

Создав зависимого Бога, человеческая культура родила миф, согласно которому у Бога существует какая-то *программа*. Другими словами, чтобы чувствовать Себя счастливым, Бог будто бы хочет или нуждается в том, чтобы что-то происходило, и происходить это *должно определенным образом*.

Из этого мифа выкристаллизовалось представление, которое можно выразить одной фразой: *Да будет Воля Твоя.*

Ваше представление о том, что Я *обладаю* Волей, заставило вас попытаться понять, что такое Моя Воля. Но очень быстро стало ясно, что в этом вопросе вы не можете прийти к общему согласию. Но, если не все знают или не сходятся во мнениях, что такое Божья Воля, не все способны *выполнять* Божью Волю.

Самые ловкие из вас использовали это соображение, чтобы объяснить, почему жизнь некоторых людей, похоже, работает лучше, чем у других. Но вслед за этим у вас возник другой вопрос: Если Бог есть Бог, как может не исполняться Его Воля?

Понятно, у этой Первой Иллюзии есть слабое место. Оно должно было бы открыть глаза на то, что представление о наличии Потребности является ложным. Но где-то в глубине души люди знали, что они не могут *отказаться* от этой иллюзии, иначе исчезнет из жизни что-то самое важное.

И они были правы. Но они опять совершили ошибку. Вместо того чтобы видеть в Иллюзии иллюзию и использовать ее для того, для чего она предназначалась, они решили, что должны *закрепить ее слабое место*.

Итак, именно для закрепления слабого места Первой Иллюзии была создана Вторая Иллюзия.

2

Иллюзия Неудачи

Вторая Иллюзия заключается в следующем:
СУЩЕСТВУЕТ НЕУДАЧА

Представление о том, что Божья Воля (при допущении, что Бог один) может *не* быть исполнена, противоречит всему, что, как вам кажется, вы знаете о Боге — а именно, что Бог всемогущ, вездесущ, что Он Верховное Существо (Всевышний), Создатель, — тем не менее именно это представление вы принимаете с таким энтузиазмом.

Это рождает совершенно невероятную, но очень сильную иллюзию, что *Бог может потерпеть неудачу.* Бог может желать чего-то, но не получать этого. Бог может стремиться к чему-то, но не достигать этого. Бог может нуждаться в чем-то, но не иметь этого.

Короче говоря, Божья Воля может не исполняться.

Это представление полностью притянуто за уши, ведь даже человеческий ум с его ограниченным восприятием мог бы заметить несоответствие. Но ваш вид обладает богатым воображением и способен с удивительной легкостью поверить в самое невероятное. Вы вообразили не только Бога, у которого есть потребности, вы вообразили Бога, который не может Свои потребности удовлетворить.

Как вы могли это сделать? Опять-таки, с помощью проекции. Вы проецируете себя на своего Бога.

И опять возможности, или качество бытия, приписываемые вами Богу, выведены непосредственно из вашего собственного опыта. Поскольку вы заметили, будто *вы* не можете получить все, что, как вы вообразили, вам необходимо для счастья, вы заявляете, что то же самое справедливо для Бога.

Основываясь на этой иллюзии, вы создали миф, который утверждает, что исход жизни не ясен.

Она может удаваться, а может и нет. Все может быть хорошо, а может быть и нет. Она закончится хорошо — если не случится прямо противоположное.

Приправив эту смесь сомнениями — сомнениями в том, что Бог может удовлетворить Свои потребности (при допущении, что Я их имею), — вы впервые столкнулись со страхом.

Пока вы не сочинили этот миф о Боге, который не всегда может добиться своего, вы не знали страха. Бояться было *нечего*. Бог отвечал за вас, Бог был Всемогущ, Бог был Чудом и Славой, и все в мире было хорошо. Что могло не получаться?

Но потом появилось представление, что Бог может чего-то хотеть и, фактически, не добиваться желаемого. Бог мог хотеть, чтобы все Его дети вернулись к Нему на небо, но сами Его дети своими поступками могли этому помешать.

Эта идея тоже обрела силу, и опять человеческий ум не заметил противоречия. Как могли Божьи создания препятствовать исполнению воли Создателя, если Создатель и создания — одно? Как можно было сомневаться в исходе жизни, если Тот, Кто добивается результата, и Тот, кто его испытывает, — одно и то же?

Понятно, что у Второй Иллюзии есть слабое место. Оно должно было бы открыть глаза на то, что представление о Неудаче является ложным. Но где-то в глубине души люди знали, что они не могут *отказаться* от этой иллюзии, иначе исчезнет из жизни что-то очень важное.

И, опять-таки, они были правы. Но они опять совершили ошибку. Вместо того чтобы видеть в Иллюзии иллюзию и использовать ее для того, для чего она предназначалась, они решили, что должны *закрепить ее слабое место*.

Именно для закрепления слабого места Второй Иллюзии была создана Третья Иллюзия.

3

Иллюзия Отделенности

Третьей иллюзией является
ИЛЛЮЗИЯ ОТДЕЛЕННОСТИ

Единственным способом перестать ломать голову над Второй Иллюзией было создать третью:

Создатель и создания *не* есть одно целое.

Для этого человеческому уму потребовалось вообразить возможность невозможного — что То, Что Есть Одно, не есть Одно; что то, Что Объединено, на самом деле разделено.

Это иллюзия Отсутствия Единства — представление о существовании Отделенности.

Ваш род пришел к выводу, что, если создания отделены от Создателя и если Создатель позволяет Своим созданиям делать то, что им нравится, значит, создания могут делать что-то такое, *чего не хочет Создатель*. При таких обстоятельствах можно было идти против Воли Создателя. Бог мог хотеть чего-то, но не получать.

Отсутствие единства обеспечивает возможность Неудачи, а Неудача возможна только тогда, когда существует Потребность. Одна иллюзия порождает другую.

Первые три иллюзии — ключевые иллюзии. Они настолько важны, настолько поддерживают все остальные, что для того, чтобы их объяснить и гарантировать *возможность* их объяснения при любых обстоятельствах, были созданы отдельные мифы.

Каждая из ваших культур создавала собственные мифы, но все они, каждый по-своему, исходили из одних и тех же моментов. Один из самых известных — миф об Адаме и Еве.

Он рассказывает о том, что первый мужчина и первая женщина были созданы Богом и жили в Саду Эдема, или Раю. Они наслаждались вечной жизнью и единением с Божественным.

Взамен за идиллическую Жизнь Бог требовал только одного: Он приказал не есть плодов с Древа Познания Добра и Зла.

Согласно этой легенде, Ева, несмотря на запрет, съела плод. Она ослушалась приказа. Но это была не только ее вина. Ее искушал змей, бывший на самом деле сущностью, которую вы зовете Сатаной, или Дьяволом.

Так кто же такой этот Дьявол? Согласно одной легенде, это падший ангел, Божье творение, отважившееся захотеть быть столь же великим, как его Создатель. Это, повествует легенда, основной проступок, высшее богохульство. Все создания должны почитать Бога и никогда не стремиться приблизиться или превзойти Его в Его величии.

В этой конкретной версии основного мифа человеческой культуры вы отклонились от своего обычного шаблона, приписав Мне некоторые качества, *не* отраженные в человеческом опыте.

Человеческие создатели действительно *хотят*, чтобы их потомки прилагали все усилия к тому, чтобы стать такими же, если не лучше их самих. Для всех разумных родителей нет больше удовольствия, чем видеть своих детей богатыми, занимающими лучшее место в жизни, чем они сами, видеть, как их достижения превосходят их собственные.

С другой стороны, они утверждают, что это оскорбляет Бога, причиняет ему боль. Сатана, падший ангел, был отвергнут, отделен от стада, проклят, и вдруг в Конечной Реальности появляется две силы — Бог и Сатана, и два места, откуда они ведут свою работу, — небо и ад.

Согласно легенде, именно Сатана ввел в искушение людей, заставив их не подчиниться Воле Бога. Теперь Бог и Сатана стали соперниками в борьбе за человеческую душу. И что самое удивительное, в этом соперничестве *Бог может потерпеть поражение.*

Все это доказывает, что Я не был всемогущим Богом... или что Я *был* всемогущим, но не захотел использовать Свое могущество, желая дать шанс Сатане. *Или же* речь идет не о том, чтобы дать шанс Сатане, а о том, чтобы дать человеческим существам свободную волю. *Если не считать* того, что, если вы *проявите* свою свободную волю не одобренным мною способом, Я передам вас Сатане, который обречет вас на вечные муки.

Эти запутанные мифы переросли на вашей планете в религиозную доктрину.

Что касается мифа об Адаме и Еве, то многие верят: за то, что Ева съела запретный плод, Я наказал первого мужчину и первую женщину, изгнав их из Сада Эдема. И (если вы можете в это поверить) *Я наказываю всех живших после них мужчин и женщин*, обвиняя их в первом совершенном человеком преступлении и приговорив прожить свою жизнь на земле отдельно от Меня.

В этом и других, не менее красочных, мифах три первые иллюзии переданы настолько драматически, что люди, и в частности дети, не скоро их забывают. Они так успешно вселяют страх в детские сердца, что каждое поколение повторяет их снова и снова. В результате первые три иллюзии глубоко запечатлены в человеческой психике.

1. У Бога есть программа (Существует Потребность)

2. Результат жизни сомнителен (Существует Неудача)

3. Вы отделены от Бога (Существует Отделенность)

В то время как представления о том, что существует Потребность и Неудача, являются решающими для всех остальных Иллюзий, представление о существовании Отделенности оказывает самое сильное влияние на человеческие дела.

Влияние Третьей Иллюзии человечество ощущает по сей день.

Если вы считаете Третью Иллюзию истиной, вас ждет один жизненный опыт.

Если вы не считаете ее истиной, а знаете, что это иллюзия, ваш жизненный опыт будет совсем другим.

Разница между ними будет огромной.

Сейчас почти все на вашей планете верят в реальность Иллюзии Отделенности. В результате люди чувствуют себя отделенными от Бога и отделенными друг от друга.

Чувство отделенности от Меня очень мешает людям относиться ко Мне осмысленно. Они либо неправильно Меня понимают, либо боятся, либо молят Меня о помощи — либо вообще отрицают Меня.

Поступая подобным образом, люди теряют восхитительную возможность использовать самую мощную силу во Вселенной. Они обрекают себя на жизнь, которую, как им кажется, они не могут контролировать, на условия, которые, как они думают, они не в силах изменить, получая жизненный опыт и исход жизни, которых, по их убеждению, они не могут избежать.

Они проводят жизнь в полном безумии, подвергая себя боли и перенося ее с удовольствием, веря, что своим молчаливым мужеством они заработают Мою благосклонность и попадут в царство небесное, где получат свое вознаграждение.

Есть множество причин, чтобы страдание без лишних жалоб сослужило хорошую службу для души, но гарантия вознаграждения на небе не имеет к ним никакого отношения. Мужество само по себе вознаграждается, и не может быть никакой разумной причины, чтобы заставлять страдать других людей — а именно это и делают те, кто жалуются.

Мастер никогда не жалуется и таким образом уменьшает страдания вокруг себя — а также и внутри себя. При этом Мастер воздерживается от жалоб не *для того*, чтобы ограничить страдание, а потому, что не интерпретирует переживание боли как страдание, боль для него — просто боль.

Боль — это переживание. Страдание — *суждение* об этом переживании. Суждение многих людей сводится к тому, что переживание боли неприемлемо и его не должно быть. И все же именно то, в какой степени боль воспринимается как нечто совершенное, определяет, до какой степени могут быть исключены страдания из жизни. Именно понимание этого позволяет Мастеру преодолеть все страдания, хотя это не значит, что ему удается избежать любой боли.

Даже люди, не достигшие мастерства, ощущают разницу между болью и страданием. Примером может служить удаление больного зуба. Удалять его больно, но такую боль человек приветствует.

Чувство отделенности от Меня мешает людям обращаться ко Мне, чувствовать потребность во Мне, дружить со Мной, используя весь потенциал Моей творческой и целительной силы для того, чтобы прекратить страдания, или для любой другой цели.

Чувство отделенности друг от друга дает возможность людям совершать по отношению к другим то, чего они никогда не сделали для себя. Не будучи в состоянии понять, что они и *совершают* это для себя самих, они опять и опять создают нежелательные последствия для своей повседневной жизни и для своего планетарного опыта.

Говорят, что люди сталкиваются с теми же проблемами, с какими они сталкивались на заре человечества — и это правда, но с каждым разом все в меньшей степени. Алчность, насилие, зависть и другие проявления человеческого поведения, которые никому не приносят пользы, до сих пор свойственны представителям вашего рода, хотя теперь это относится к меньшинству. Это признак вашей эволюции.

Усилия вашего общества направлены не столько на поиски способов изменения такого поведения, сколько на определение наказания за него. Люди думают, что наказание может что-то исправить. Некоторые до сих пор не понимают, что, пока они не исправят общественные условия, *вызывающие* и *способствующие* нежелательному поведению, они ничего не смогут исправить.

По-настоящему объективный анализ доказывает это, но многие игнорируют эти доказательства и по-прежнему пытаются решать общественные проблемы с той же энергией, с какой они их создавали. С помощью убийств они пытаются положить конец убийствам, с помощью насилия — насилию, прибегая к гневу, они пытаются уничтожить гнев. Они не замечают лицемерия подобных действий и в результате утверждают его в своей жизни.

Признав, что первые три Иллюзии *есть* иллюзии, люди перестали бы отрицать Единство всей Жизни, тогда исчезла бы угроза всей жизни на вашей планете.

Многие по-прежнему видят себя отделенными друг от друга, от всего живого, от Бога. Они замечают, что разрушают себя, но продолжают утверждать, что не понимают, как они это делают. Конечно, заявляют они, их собственное поведение не имеет к этому отношения. Они не в состоянии увидеть связь между своими собственными решениями, своим выбором и миром в целом.

Подобные убеждения разделяют многие люди, и, если вы хотите, чтобы они изменились, именно вы — те, кто по-настоящему понял Причину и Следствие, можете их изменить. Ведь ваши собратья считают, что, уничтожая каждую неделю сотни тысяч деревьев, чтобы получить свою воскресную газету, они не оказывают никакого негативного воздействия на Целое.

Точно так же они не оказывают никакого негативного воздействия на Целое, выбрасывая в атмосферу любые загрязняющие вещества, чтобы сохранить неизменным привычный образ жизни.

Они не оказывают никакого негативного воздействия на Целое, используя ископаемые топлива, вместо того чтобы пользоваться солнечной энергией.

Они не оказывают никакого негативного воздействия на Целое, куря сигареты, употребляя три раза в день черное мясо или выпивая огромные количества алкоголя, и они устали от людей, которые говорят им об этом.

Они не оказывают никакого *негативного воздействия*, — утверждают они, — и они устали от людей, которые говорят им об этом.

Поведение отдельных людей, — говорят они себе, — не оказывает такого негативного воздействия на Целое, которое могло бы действительно вызвать *крушение* этого Целого. Это было бы возможно только в том случае, если бы ничто не было отделено — если бы Целое фактически делало все это само. Но это глупо. Третья Иллюзия — реальность. *Мы отделены.*

И все же отдельные действия отдельных существ, не составляющих единого целого ни друг с другом, ни с Жизнью, похоже, действительно оказывают очень большое воздействие на саму Жизнь. Сейчас, наконец, по мере перехода от мышления примитивной культуры к мышлению более развитого общества все больше и больше людей начинают это признавать.

Это происходит благодаря той работе, которую делаете вы и другие подобные вам люди. Ибо вы поднимаете свой голос. Вы подаете сигнал тревоги. Вы объединяете усилия, чтобы разбудить друг друга, каждый на свой манер, некоторые — действуя в одиночку, другие группами.

В давние времена было не так много людей, готовых и способных пробуждать других. Поэтому большинство, живя среди иллюзий, совсем запутались. Почему тот факт, что они отделены друг от друга, создает проблему? Как случилось, что не могло быть создано что-то другое, кроме общественной жизни — один за всех и все за одного, — что работало бы без борьбы?

Вот вопросы, которые начинают задавать люди.

Понятно, что у Третьей Иллюзии есть слабое место. Оно должно было открыть глаза на то, что представление об Отделенности является ложным. Но где-то в глубине души люди знали, что они не могут *отказаться* от этой иллюзии, иначе исчезнет из жизни что-то очень важное.

И, опять-таки, они были правы. Но они опять совершили ошибку. Вместо того чтобы видеть в Иллюзии иллюзию и использовать ее для того, для чего она предназначалась, они решили, что должны *закрепить ее слабое место*.

Именно для закрепления слабого места Третьей Иллюзии была создана Четвертая Иллюзия.

Вот вопросы, которые волнуют сегодня людей.

[illegible]

Это отделенность.

Это формулировка природы Бога.

[illegible] друга. Но ни один человек не [illegible] есть Всё, что существует. Следовательно, люди не [illegible] друг от друга.

Это формулировка природы людей.

Было бы неправильно утверждать, что представление об Отделенности — [illegible] представление, что оно не служит своей цели. [illegible]

[illegible] Эта Иллюзия прекрасно служит [illegible]

4

Иллюзия Нехватки

Четвертая Иллюзия заключается в следующем:
СУЩЕСТВУЕТ НЕХВАТКА

Эта иллюзия является следствием Третьей Иллюзии, так как без представления об Отделенности представление о Нехватке ничем нельзя было бы оправдать. Если существует только Одно, и это Одно Есть Все, Что Существует, не может быть никакой нехватки, поскольку Одно есть все и, следовательно...

Оно самодостаточно.

Это формулировка природы Бога.

Однако это не то, что дает человеку опыт, *ведь люди вообразили, что они отделены от Бога*, а также отделены друг от друга. Но ни один человек не отделен от Бога, так как Бог есть Все, что существует. Следовательно, люди не отделены и *не могут* быть отделены друг от друга.

Это формулировка природы людей.

Было бы неправильно утверждать, что представление об Отделенности — «вредное представление», что оно не служит своей цели. В действительности, представление об отделенности было *благословенным* представлением, позволившим Целому понять, что оно есть сумма частей, и даже больше. Эта Иллюзия прекрасно служит вашим целям, *когда вы используете Иллюзию в качестве инструмента для приобретения опыта.*

Когда вы забываете о том, что отделенность — это иллюзия, вы начинаете считать ее действительным состоянием вещей.

Иллюзия уже не служит приобретению опыта, она *становится* опытом.

Подобным образом, притворяясь разгневанным, чтобы заставить другого проявить больше заботы, вы в конце концов действительно начинаете злиться.

Или, притворяясь, что проявляете к кому-то интерес, чтобы вызвать ревность у другого человека, вы вдруг обнаруживаете, что иллюзия интереса на самом деле стала очень реальной...

Инструмент превращается в опыт.

Благодаря этому процессу вы начали действительно верить в то, что вы отделены, что в едином поле, которое вы называете Вселенной, возможна Отделенность.

Итак, Я говорю о Третьей Иллюзии как о самой сильной из Иллюзий, и это так и есть. Она оказывает огромное влияние на ваш повседневный опыт. И, что самое важное, ваша вера в отделенность привела к представлению о «нехватке».

Когда существовало только Одно и вы знали, что вы *были* этим Одним, никогда не возникал вопрос о том, что чего-то может быть недостаточно. Вам всегда было всего достаточно. Но, когда вы решили, что существует *больше* чем Одно, после этого (и только после этого) могло оказаться, что чего-то другого недостаточно.

Это «другое», которое, по вашему мнению, существует, есть материал Жизни. Но вы *есть* Жизнь и то, чем *является* Жизнь, — которая есть Сам Бог.

До тех пор пока вы будете думать, что вы отделены от Бога, вы будете считать себя чем-то отличным от Бога — который есть сама Жизнь. Вы можете думать, что вы то, что *живет*, но вы не можете представить себе, что вы — Сама Жизнь.

Это отделение Себя *от* Себя и есть то, что вы называете изгнанием из Рая. Внезапно вместо вечной жизни появилась смерть. Внезапно, после того как всего было в изобилии, появилась нехватка.

Внезапно стало казаться, что многие аспекты жизни соперничают между собой за Саму Жизнь. Это невозможно в Конечной Реальности, но не в вашем воображении. Вы способны даже вообразить, что *вы* соперничаете с птицами, с пчелами, с любым проявлением жизни, в том числе и с другими человеческими существами.

Вы способны создать кошмар, в котором все, что поддерживает вашу жизнь, превращается в то, что ее ограничивает. Таким образом, вы действительно готовы попытаться подавить то, что вас поддерживает.

Вам говорят, что вы обладаете *властью*, но вы решаете, что это означает *господство**. В результате вы действительно начинаете войну с природой и с естественным ходом вещей.

Вы используете науку и технику, чтобы согнуть и изменить природу, чтобы манипулировать ею и заставить ее покориться вашей воле. Пытаясь испытать себя такими, каки-

---

* Непереводимая игра слов: *dominion* — власть, *domination* — господство. — *Прим. перев.*

ми вы уже являетесь от природы, вы медленно разрушаете эту природу.

Вы уже такие, какими стремитесь быть, — вечные, безграничные и составляющие одно со всем — хотя вы этого и не помните. И вот вы стремитесь подчинить себе Жизнь, чтобы ваша Жизнь стала богаче. И вы даже не замечаете, что вы делаете.

Жизнь становится единственным общим знаменателем. Каждый хочет иметь Жизнь и то, что поддерживает Жизнь. И, поскольку вы думаете, что вас больше одного, вы боитесь, что Жизни может оказаться недостаточно.

Этот страх рождает следующую воображаемую реальность: смерть.

***

Теперь стало казаться, что жизнь, которую вы считали вечной (пока вы не вообразили, что вы отделены, вам никогда не приходило в голову, что вы «будете» не всегда), имеет начало и конец.

Это иллюзия Нехватки, доведенная до высшего уровня.

Ощущение, что ваша жизнь начинается и заканчивается, на самом деле не что иное, как появление и разрушение вашего представления о том, что вы «отделены». На уровне сознания вы можете этого не знать. На более высоком уровне это ясно всегда.

Именно на этом, более высоком уровне вы стремитесь покончить с этим ощущением отделенности, напомнить себе, что это *созданная вами* иллюзия.

Хотя Я уже говорил об этом много раз, здесь уместно еще раз обсудить, *почему* вы ее создаете.

Вы создаете Иллюзию Отделенности для того, чтобы испытать реальность Единства. Вы можете испытать реальность, только находясь за ее пределами. Когда вы — часть Целого, вы не можете ощутить себя *как* Целое, ведь тогда не существует ничего иного. А при отсутствии того, чем вы не являетесь, нет и того, чем вы являетесь.

При отсутствии холода нет тепла. При отсутствии длинного нет короткого. Если все короткое, *ничто не является коротким*, ибо «короткое» не существует как нечто, что может быть познано. Оно может существовать как концепция, но то, что вы непосредственно испытываете, не является концепцией. Оно может быть только представлением и никогда не может быть испытываемой вами реальностью.

В этом контексте вы не можете узнать себя как того, Кто Вы Есть в Действительности.

И все же мы хотим знать себя как тех, Кто Мы Действительно Есть. Следовательно, мы должны вначале создать переживание того, Кем Мы Не Являемся. Поскольку мы не можем создать этого переживания в Конечной Реальности, мы должны сделать это, прибегнув к иллюзии.

Это способ наслаждаться тем, что действительно есть, и знать это. Это позволяет нам испытать, Кто Мы Действительно Есть.

Все Это

Одно и Единственное.

Мы — Коллектив, Единая Реальность В Сложной Форме — *принявшая* Сложную Форму, чтобы мы могли заметить и испытать великолепие нашей Единой Реальности.

Это простое объяснение назначения относительности, которое Я давал тебе много раз на протяжении нашего непрерывного диалога. Оно повторяется здесь снова, чтобы ты мог его до конца понять, чтобы ты мог пробудиться от своего сна.

***

Пока вы не пробудились от своего сна, Иллюзия Отделенности от Жизни будет создавать ощутимую необходимость выживания. До отделения у вас никогда не возникал вопрос о вашем выживании. Только когда вы отступили от Жизни (от Меня) и вообразили, что вы отделены, сама Жизнь стала тем, чего «не хватает». Вы начали принимать решения относительно того, что, как вам казалось, вы должны делать, чтобы выжить — чтобы иметь больше жизни.

Это стало вашей главной целью, вашим новым основным инстинктом. Вы даже начали думать, что причиной вашей связи с другими людьми является гарантия вашего выживания как вида. Вы забыли о том, что вы соединяетесь с другим человеком по зову единственного реального инстинкта, которым является любовь.

Основываясь на своем представлении о том, что вы можете *не* выжить, вы назвали свой новый основной инстинкт Инстинктом Выживания. Это ложное представление, потому что ваше выживание гарантировано всегда, на веки вечные. Но вы не помните об этом и поэтому думаете, что Жизни недостаточно, тем более что существует столько аспектов жизни, соперничающих за нее.

И вы действительно так ее видите. Вы вообразили, что вы *соперничаете* со всем остальным «материалом Жизни» за Саму Жизнь. Вы соперничаете с собственным Я, чтобы было больше вашего я. Ваша вера в Нехватку привела вас даже к выводу о *нехватке Бога.*

Недостаточно не только Жизни (что вы перевели в веру в смерть), не только материала Жизни (что вы перевели в веру в нехватку), недостаточно даже Того, Кто Создал Жизнь (что вы перевели в веру в Ограниченного Бога).

Поскольку *все это ограниченно*, вы должны за это соревноваться. Из-за этого убеждения вы разрушаете свою планету и себя самих.

Соперничая друг с другом за Бога, вы разрушаете даже себя. Это соперничество вы называете религией. Вы убиваете себя в своем безумном соперничестве за Бога, иногда стремясь уничтожить целые цивилизации.

Вы этого не признаете, ведь вначале нужно признать, что вы это делаете, значит — признать, что ваши представления о жизни и о мире — и, в частности, ваши представления о Боге — могут быть ошибочными, а на это вы не способны.

Такое признание потребовало бы огромного смирения, а смирение в настоящее время занимает не слишком много места в философии и теологии вашей планеты.

В частности, ваши теологии в большинстве своем слишком самонадеянны, они полагают и заявляют, что у них есть ответы на все вопросы — не оставляя места сомнениям.

Но что-то в этих убеждениях не работает. Представление о том, что всего не хватает — Бога, материала жизни, Самой Жизни, — привело не просто к соперничеству. Оно привело к суровым запретам, к подавлению и к тяжелой депрессии. Религии запрещают откровенные расспросы, правительства подавляют инакомыслие, и в результате миллионы людей живут в состоянии как экономической, так и психологической депрессии. И всему виной представление о том, что Существует Нехватка — потому что достаточное количество решило бы все эти проблемы.

Если бы вы считали, что всего вокруг достаточно, ваше поведение не было бы саморазрушительным, не было бы борьбы за ресурсы, не было бы ссор из-за Бога.

Но всего *не* хватает. Это вам совершенно ясно.

А если есть нехватка, то как сделать, чтобы *получить* достаточно? Как гарантировать выживание *без* ссор и убийств?

Понятно, что у Четвертой Иллюзии есть слабое место. Оно должно было бы открыть глаза на то, что представление о Нехватке является ложным. Но где-то в глубине души люди знали, что они не могут *отказаться* от этой иллюзии, иначе исчезнет из жизни что-то очень важное.

И они опять были правы. Но они опять совершили ошибку. Вместо того чтобы видеть в Иллюзии иллюзию и использовать ее для того, для чего она предназначалась, они решили, что должны *закрепить ее слабое место*.

Именно для закрепления слабого места Четвертой Иллюзии была создана Пятая Иллюзия.

5

Иллюзия Необходимого Условия

Пятая Иллюзия заключается в следующем:
СУЩЕСТВУЕТ НЕОБХОДИМОЕ УСЛОВИЕ

Представление о существовании Нехватки быстро и неизбежно привело к следующей Иллюзии.

Если бы всего было достаточно, вам ничего не нужно было бы делать для того, чтобы получить то, что вы хотите или в чем нуждаетесь. Стоило бы протянуть руку — и оно у вас. Но люди решили совсем иначе. Они заявили: *всего недостаточно.* В результате перед ними встал вопрос: как *получить* достаточно? Как *обрести право* на это?

Вы вообразили, что должно быть нечто такое, что вы вынуждены *делать*, чтобы получить материал, которого недостаточно — что-то, что позволило бы вам предъявить требование на него, не прибегая к спору. Существовал единственный понятный вам способ получить все — включая Бога, — распределив это в свою пользу без ссор и убийств.

Вы вообразили, что должно существовать Необходимое Условие.

Вы сказали себе, что выполнение этого условия — каким бы оно ни было — это «то, что нужно». Это представление остается неизменным по сей день. Скорее, оно даже окрепло. Вы верите: делая то, что необходимо делать, вы можете заставить все быть таким, как вы хотите.

Если вы хотите быть счастливыми, если вы хотите быть в безопасности, если вы хотите быть любимыми, значит, есть что-то, что вы должны для этого сделать. Вы не сможете добиться этого состояния, пока не будете иметь чего-то достаточно. Но вы не можете иметь достаточно, пока не сделаете того, что требуется, чтобы *получить* достаточное количество — чтобы *обрести право* на достаточное количество.

Вот ваше убеждение, и, поскольку вы в этом убеждены, вы в своей космологии подняли *делание* на самый высокий уровень.

Даже Бог говорит, что существует что-то, что вы должны делать, чтобы попасть на небо.

Вот как вы все это соединили.

Это — Необходимое Условие.

А теперь слушайте: все это основывается на Третьей Иллюзии — представлении о том, что вы отделены. Если бы был только один из вас, всего было бы достаточно, и ничего не пришлось бы делать, чтобы быть кем бы то ни было.

А представление об отделенности основывается на Второй Иллюзии — иллюзии о Существовании Неудачи. Поскольку Бог не смог получить того, что хотел, Он отделил всех людей от Себя.

Неудача же основывается на Первой Иллюзии — существует Потребность. Бог не мог потерпеть неудачу в том, чего Бог хотел, если Бог не хотел ничего, и Бог не хотел бы ничего, если бы Бог ни в чем не нуждался.

По существу, существует только одна иллюзия, а все остальные — ее перестановки. Все остальные — расширение единственной Иллюзии, всякий раз с новым нюансом.

Итак, Иллюзия Необходимого Условия — это не более чем другой вариант Иллюзии Потребности. Подобным образом, Иллюзия Нехватки — другой вариант Иллюзии Потребности, как и Иллюзия Неудачи, и так далее — все Человеческие Иллюзии.

Если внимательно рассмотреть любую иллюзию, становится совершенно ясно, что каждая из них является следствием предыдущих. Это все равно что наблюдать за надуваемым шариком.

Доказано, что заявление вашего рода о существовании Необходимого Условия, которое нужно выполнить, чтобы получить то, чего нет в достаточном количестве — включая Бога, — одно из самых важных решений, когда-либо принимавшихся человечеством. Оно привело ко всем перечням и наборам норм и правил, руководств и методов, законов Божьих и человеческих, которыми, как вы вообразили, вы должны руководствоваться в своей жизни.

Вот несколько примеров того, что, согласно вашему решению, вы должны делать, чтобы иметь хорошую жизнь на Земле:

- Быть хорошим мальчиком или хорошей девочкой.
- Не дерзить.
- Получать хорошие оценки и поступить в колледж.
- Закончив колледж, получить степень и найти хорошую работу.
- Вступить в брак и завести детей.

- Быть хорошими родителями и дать своим детям больше, чем получили вы.
- Соблюдать хладнокровие.
- Делать то, что вам говорят.
- Не делать ничего плохого — или по крайней мере не попадаться.
- Следовать за лидером.
- Не задавать слишком много вопросов и не спрашивать ни о чем плохом.
- Способствовать счастью каждого человека.
- Не включать себя в группу людей, чье счастье вы пытаетесь сохранить, если для этого надо кого-то исключить из этой группы.
- Никому не навязываться, особенно когда вы постарели.

А вот несколько примеров того, что, по вашему мнению, вы должны делать, чтобы угодить Богу и попасть на небо:

- Не делать ничего плохого — и забыть о том, чтобы не попадаться, потому что вы все равно попадетесь.
- Если вы *все-таки* сделали что-то плохое, попросите у Бога прощения и пообещайте больше никогда, *никогда* этого не делать.
- Быть хорошим мальчиком или хорошей девочкой.
- Не играть с собой.
- Не играть ни с кем другим. Не *таким* образом...
- Фактически, вообще играть поменьше. Попытаться понять, что все удовольствия, которые получает тело, в луч-

шем случае отвлекают от того, что вы пришли сделать на земле, а в худшем, несомненно, являются грехом против Бога.

- Если вам приходится получать удовольствия, не наслаждайтесь ими.
- Не наслаждайтесь деньгами.
- Не наслаждайтесь вниманием.
- Не наслаждайтесь сексом.
- Самое главное, не наслаждайтесь сексом.
- Никогда-никогда не вступайте в сексуальные связи вне брака и никогда-никогда не любите больше одного человека «таким образом».
- Если вам пришлось вступить в половую связь не с целью продления рода, вы должны испытывать неловкость, ни в коем случае не наслаждаться сексом свободно и раскованно.
- Не тратьте деньги на что-то, что доставляет истинное удовольствие, и если вы заработали много денег, удостоверьтесь в том, что большая часть из них отдана.
- Верьте в справедливого Бога.
- Ради всего святого, *верьте в справедливого Бога.*
- Молите Бога о прощении и милосердии, потому что рождены вы несовершенными, и просите, чтобы Он помог вам выполнить условия, которые необходимы для того, чтобы опять быть любимыми.

У людей существует множество других убеждений. Здесь приведены только несколько примеров. Вот что вы должны делать. Это Необходимое Условие, и будет хорошо, если вы это поймете.

Кто установил это Необходимое Условие? Кто ввел его?

Вы говорите, что это сделал Я.

Вы утверждаете, что его автором был Бог. И, так как Бога не хватает, вы вынуждены предъявлять права на Меня, чтобы оправдать свое ничем необоснованное заявление о победе в своем соперничестве.

Вы утверждаете также, что вы — Единственная Нация Под Богом, что вы Избранный Народ или что ваша вера — Единственная Истинная Вера.

Вы предъявляете права на Меня и действуете столь злобно и жестоко, ведь вам кажется, что, предъявив права на Меня, вы можете от Моего имени предъявить права на все, что пожелаете.

И вы делаете это столетиями, высоко размахивая своими священными писаниями, крестами и флагами, чтобы оправдать получение того, чего нет в достаточном количестве, или того, что считаете необходимым, — включая убийства. Вы заходите так далеко, что пытаетесь залечить раны в своей душе, нанося раны телам других людей и называя это *священной войной*.

Во имя Бога вы совершаете самые безбожные поступки, и все потому, что думаете, будто бы Я ставлю вам Необходимое Условие, которое вы должны выполнить, чтобы получить Меня, Мою любовь и все в Жизни.

Пока вы будете верить, что существует нечто, что вы *вынуждены делать*, вы будете вести борьбу, чтобы определить, что это такое, а потом вести борьбу, чтобы этого достичь.

Достижение становится вашим богом. Фактически, оно уже им стало. Но если совершение всех этих правильных поступков приносит вам счастье и позволяет вернуться к Богу, почему все ваши старания заставляют вас чувствовать себя настолько *не*счастными и так уверенно уводят вас *от* Бога?

Но, возможно, еще важнее то, как определить, стоит это делать или нет? Какой мерой можно измерить, с помощью какой системы можно решить, выполнено это Необходимое Условие или нет?

Это то, чего вы не знали. Это тот вопрос, который люди начинают задавать.

Понятно, что у Пятой Иллюзии есть слабое место. Оно должно было бы открыть глаза на то, что представление о Необходимом Условии является ложным. Но где-то в глубине души люди знали, что они не могут *отказаться* от этой иллюзии, иначе исчезнет из жизни что-то очень важное.

И они опять были правы. Но они опять совершили ошибку. Вместо того чтобы видеть в Иллюзии иллюзию и использовать ее для того, для чего она предназначалась, они решили, что должны *закрепить ее слабое место*.

Именно для закрепления слабого места Пятой Иллюзии была создана Шестая Иллюзия.

6

Иллюзия Суда

Шестая Иллюзия заключается в следующем:
СУЩЕСТВУЕТ СУД

Решив, что существует нечто, что вы должны делать, чтобы получить то, чего не имеется в достаточном количестве — включая Бога, — вы вынуждены были ответить на трудный вопрос: *Как определить, выполнил человек Необходимое Условие или нет? И что произойдет с теми, кто этого не сделал?*

Ваш ответ на эти вопросы привел к изобретению Суда.

Кто-то, решили вы, должен исполнять роль окончательного арбитра. Поскольку тем, кто установил Необходимое Условие, является Создатель, казалось вполне логичным, чтобы именно Создатель решал, кто выполнил это Необходимое Условие, а кто нет.

В течение очень долгого времени представители вашего рода придерживались мысли, что существует нечто, что вы должны делать, чтобы угодить Богу, — и что невыполнение этого долга приведет к ужасным последствиям. То, что вы пришли к такому заключению, вполне понятно. Оглядываясь вокруг, вы видели, что жизнь одних людей проходит хорошо, других — нет. Примитивный ум задавался вопросом: почему? И примитивный ум пришел к примитивному ответу:

Фортуна улыбается тем, кто пользуется благосклонностью богов. Именно боги должны быть удовлетворены и, следовательно, именно боги будут вершить суд.

Это верование породило всякого рода жертвы и ритуалы, все они были предназначены для того, чтобы смягчить несговорчивое божество.

В эту раннюю эпоху вам казалось, будто Нехватка столь велика, что вы даже вообразили, что божества соперничают друг с другом. К вашим услугам было много богов, и нередко было нелегко следить за тем, что следует делать, чтобы каждый из них был доволен.

Как еще можно объяснить то, что происходит?

Теперь, по прошествии тысячелетий, эти верования, возникшие в древние времена, облагорожены и очищены. Сегодня большинство людей не верят в существование множества богов с плохим характером, которых следует ублажать. Сегодня большинство людей верят, что существует только один Бог с плохим характером, которого следует ублажать.

И хотя может показаться, что человечество давно эволюционировало, уйдя от примитивных конструкций, которые создали разновидность Бога «Я-собираюсь-вас-поймать», эти представления продолжают доминировать в теологиях планеты.

Такая модель Божества, как Бог-Мститель, никогда не утратит расположения вашего общества. Чтобы доказать пригодность такой модели, вы используете как личные, так и планетарные бедствия. Даже в недавние времена, когда возникла эпидемия СПИДа, нашлось множество людей — включая некоторых религиозных лидеров, — объявивших постигшее вас несчастье Божественным наказанием за индивидуальные или коллективные проступки человечества.

Большое количество людей по-прежнему придерживаются мнения, что существует установленное Мною Необходимое Условие, которое они должны выполнить, чтобы заслужить право на вознаграждение здесь и на небесах. Они по-прежнему придерживаются мнения, что *существует* система Суда, определяющая, кто выполнил Необходимое Условие, а кто нет.

С другой стороны, некоторые теологии решительно заявляют, что *никто* не может выполнить это Необходимое Условие, что бы он для этого ни делал. Даже ведя безупречную жизнь, без ошибок, заблуждений и нарушений любого рода. Согласно этим учениям, это объясняется тем, что каждый *рождается* несовершенным (некоторые религии называют это Первородным Грехом), имея клеймо на душе еще до своего появления на свет.

Никакие человеческие действия, даже искреннее раскаяние, не могут удалить это клеймо; это может сделать только Божья милость. И Бог, — учат они, — не жалует этой милости, пока человек не приходит к Нему, идя вполне конкретным путем.

Это учение заявляет, что Я очень специфический Бог, который не желает дарить счастье на небесах, пока человек не сделает того, что Я велю.

Оно утверждает, что Я упрямо придерживаюсь этого правила, независимо от того, насколько хорошим был человек, насколько он был жалостливым, великодушным или добрым; как бы он ни сожалел о своих проступках и что бы он ни делал, чтобы их исправить. По существу, не имеет значения даже то, что он вносит величайший вклад в улучшение жизни на планете: если он не пришел ко Мне, идя правильным путем, говоря правильные слова, исповедуя правильную религии, он не может сидеть по правую руку Всемогущего Бога-Отца.

Поскольку требуется такая праведность, подобное представление умудрились назвать справедливостью...

Учитывая свою веру в то, что именно такой порядок вещей установил Бог в своих отношениях со всем человечеством, люди устанавливают точно такой же порядок вещей в своих отношениях друг с другом.

Выбрав страницу из книги Бога (что хорошо для Меня, конечно, должно быть хорошо для вас), люди ставят «клеймо» на других людях еще до *их* появления на свет. Как я уже говорил, они клеймят тех, кто принадлежит «неправильному» роду, имеют «неправильный» цвет кожи или исповедуют «неправильную» религию. Они распространяют это на тех, кто обладает «неправильной» национальностью, соседством, политическими убеждениями, сексуальной ориентацией или любыми другими «неправильностями», какие они способны изобрести. Делая это, человеческие существа «играют роль Бога».

Да, говорите вы, именно Бог учил заранее осуждать подобные вещи, ведь именно Бог поставил первое клеймо несовершенства на нашу собственную душу — именно Он заранее осудил *вас* еще до того, как у вас появилась возможность так или иначе оправдаться.

Следовательно, суждение заранее — то есть *предубеждение* — должно быть оправдано, ибо как может быть неприемлемо для человека то, что приемлемо для Бога?

Но что могло заставить Меня объявить вас несовершенными уже в момент вашего появления на свет? Я сделал это потому, — говорит учение, — что первые люди были плохими.

Теперь вы видите, как вы возвращаетесь к первым трем Иллюзиям, чтобы оправдать Четвертую, Пятую и Шестую. И так оно и есть: каждая Иллюзия порождает следующую и каждая новая иллюзия подтверждает предыдущие.

Согласно мифу вашей культуры, когда Адам и Ева согрешили, они были изгнаны из Рая, утратив право на счастье и вечную жизнь, — а вместе с ними и вы. И это потому, что Я приговорил их не только к жизни, полной ограничений и борьбы, но и к смерти, которой завершается эта жизнь (Четвертая Иллюзия), — ничего этого они не знали, пока не оступились.

Мифы и теологии других культур, когда-то возникшие и продолжающие существовать на вашей планете, не используют сценария с Адамом и Евой и, несмотря на это, создают собственные доказательства существования Необходимого Условия. Большинство сходятся в одном: в глазах Бога люди несовершенны, и существует нечто такое, что они должны сделать, чтобы достичь совершенства, — что называют Очищением, Спасением, Просветлением... или как там еще.

Поскольку вы верите в человеческое несовершенство и считаете, что получили это качество от Меня, вы совершенно свободно распространяете его на других. Вы всегда ждете от других того, чего, по вашим словам, Я жду от вас: совершенства.

И получается, что люди всю жизнь требуют совершенства от тех, кого они сами называют несовершенными, а именно — от людей.

Вначале они требуют этого от себя. Это их первая ошибка, которая, как правило, обходится слишком дорого.

Затем они требуют этого от других. Это их вторая ошибка.

Они тем самым лишают возможности себя *или* других когда-либо полностью выполнить...

Необходимое Условие.

Родители требуют совершенства от своих несовершенных детей, дети требуют совершенства от своих несовершенных родителей.

Граждане требуют совершенства от своего несовершенного правительства, правительство требует совершенства от своих несовершенных граждан.

Церкви требуют совершенства от своей несовершенной паствы, паства требует совершенства от своих несовершенных церквей.

Соседи требуют совершенства от своих соседей, расы — от других рас, народы — от других народов.

Иллюзию Суда вы принимаете за реальность, в результате вы заявляете, что, если Бог судит вас, вы имеете право судить всех и каждого. И вы их судите.

Ваш мир бросается, в частности, судить каждого, кому достается награда — слава, власть, успех, — что, как предполагается, предназначено только для совершенства, и ваш мир осуждает тех, в ком он обнаруживает малейшее несовершенство.

Вы становитесь настолько фанатичными, что практически лишаете людей возможности быть в ваши дни лидерами, героями или кумирами, — обкрадывая таким образом себя, не допуская именно того, в чем нуждается ваше общество.

Вы попались в ловушку собственных выдумок и не в силах освободиться от суда, на который вы обрекаете друг друга, и Суда, на который, вы уверены, обрекает вас Бог.

Но почему простое наблюдение над собой заставляет вас чувствовать себя так неуютно?

Разве простое наблюдение чего-то — это на самом деле Суд?

Почему это не может быть просто наблюдением?

Что, если кто-то не выполнил Необходимое Условие? Какое это имеет значение?

Вот вопросы, которые начинают задавать себе люди.

Понятно, что у Шестой Иллюзии есть слабое место. Оно должно было бы открыть глаза на то, что представление о Суде является ложным. Но где-то в глубине души люди знали, что они не могут *отказаться* от этой иллюзии, иначе исчезнет из жизни что-то очень важное.

И они были правы и на этот раз.

Но они опять совершили ошибку. Вместо того чтобы видеть в Иллюзии иллюзию и использовать ее для того, для чего она предназначалась, они решили, что должны *закрепить ее слабое место*.

Именно для закрепления слабого места Шестой Иллюзии была создана Седьмая Иллюзия.

7

Иллюзия Осуждения

Седьмая Иллюзия заключается в следующем:
СУЩЕСТВУЕТ ОСУЖДЕНИЕ

Суд должен приводить к каким-то последствиям. Если правда то, что существует Суд, должно существовать *зачем*.

Понятно, человека судят для того, чтобы определить, должен ли он получить вознаграждение за выполнение Необходимого Условия.

Вот как люди это себе представляют. Пытаясь проникнуть в сущность, в поисках ответа вы опять пришли к исходным мифам своей культуры и к первым Иллюзиям, на которых они базируются.

Вы убедили себя, что Я отделил вас от Себя, когда вы впервые не смогли выполнить Мое Необходимое Условие.

Когда вы были совершенными, вы жили в совершенном мире, в Раю, и наслаждались вечной жизнью. Но, совершив Первородный Грех и заплатив за это своим совершенством, вы почувствовали, что пришел конец совершенству в чем бы то ни было.

Самой совершенной вещью в вашем совершенном мире было то, что вы никогда не умирали. Смерти не существовало. Но, ощутив конец совершенства, вы приняли Четвертую

Иллюзию за реальный факт. Существует Нехватка. Существует отсутствие достаточного количества. Нет даже достаточного количества Жизни.

Следствием этого должна стать смерть. Это было наказанием за невыполнение Необходимого Условия.

Но как это могло случиться? — спрашивали ваши наиболее продвинутые мыслители. Теперь умирает *каждый*. Как же смерть может быть наказанием за невыполнение Необходимого Условия? Ведь умирают даже те, кто *выполнил* Необходимое Условие!

По-видимому, причина существования смерти просто в том, что во Вселенной существует Нехватка. Нехватка стала состоянием вещей. К такому выводу вы пришли на основании Четвертой Иллюзии.

Но если смерть — результат Нехватки, то что же является результатом невыполнения Необходимого Условия?

Что-то здесь было не так. Что-то не складывалось. Вы опять пришли к исходному мифу. Бог выгнал Адама и Еву из Рая за то, что они не выполнили Необходимое Условие. Это привело к Отсутствию Единства, что создало Нехватку, которая создала Необходимое Условие.

Таким образом, Нехватка — результат наложенного Богом наказания. Наказанием было отделение, результатом его — Нехватка. Смерть — это нехватка Жизни, так что, в более широком смысле, смерть — это наказание.

Вот как вы рассудили. Назначение смерти — наказать вас за невыполнение Необходимого Условия. Ведь при отсутствии смерти оставалось только то, что существовало всегда, а именно — Жизнь. И если бы вы могли жить вечно, что стало бы следствием невыполнения требования Бога?

Таким образом, то, что должно было существовать всегда, было названо наградой.

Вот оно! — сказали вы себе. Вечная жизнь является *наградой*. Но теперь у вас возникла новая головоломка. Если существует смерть, значит, Вечной Жизни быть не может.

Хммм...

Возникает проблема. Как сделать так, чтобы существовало и то, и другое — несмотря на то, что это взаимно исключает друг друга.

Вы решили, что смерть физического тела — это для вас не конец. Поскольку существование смерти исключает возможность жизни, которая длится вечно, вы решили, что вечная жизнь должна существовать *после физической смерти*.

Но если после физической смерти жизнь продолжается вечно, в чем смысл смерти?

В ней нет смысла. Таким образом, нужно было придумать *другой исход*... в вашем существовании *после смерти*.

Его вы назвали Осуждением.

Если подумать, это представление очень вам подходило. Оно вполне согласовывалось со Второй Иллюзией — исход жизни неизвестен; Существует Неудача!

Теперь у вас был и мед, и ложка. Могла существовать смерть *и* Вечная Жизнь, наказание *и* награда. Поместив то и другое *после* смерти, вы могли сделать саму смерть не наказанием, а просто *окончательным проявлением нехватки* — самым впечатляющим доказательством Четвертой Иллюзии.

Теперь, действительно, одна иллюзия стала поддерживать другую. Одно прекрасно вплеталось в другое. Ваша работа была завершена, и это была реальность, созданная основным мифом вашей культуры и бесчисленными легендами, создававшимися для его подкрепления.

Легенды поддерживают Миф, а Миф поддерживает Иллюзии. В этом вся ваша космология. Это основа всех ваших представлений.

А они — все целиком — ложные.

Смерти не существует. Сказать, что существует смерть, все равно что сказать, что не существует вас, потому что вы — это Сама Жизнь.

Сказать, что существует смерть, все равно что сказать, что не существует Бога, ведь если Бог — это все, что существует (а именно этим Бог и является), то, если умирает что-то одно, умирает все — что означало бы, что умирает Бог. Если что-то умирает, умирает Бог.

Этого, конечно, быть не может. Поэтому знайте: Смерть и Бог взаимно исключают друг друга. Они не могут существовать рядом.

Если существует смерть, значит, не существует Бога. Или пришлось бы прийти к выводу, что Бог не есть все, что существует.

Это подводит к интересному вопросу. Существует ли что-то такое, чем не был бы Бог?

Если вы верите, что существует Бог и при этом существует что-то, чем Бог не является, вы можете поверить во множество других вещей. Не только в смерть, но и в Дьявола, и во все остальное.

Если, с другой стороны, вы верите, что Бог — это энергия Самой Жизни, что эта энергия никогда не умирает, а только меняет форму и что эта Божественная энергия не только содержится *во* всем, но и есть Все — что именно *энергия образует то, что принимает форму,* — это уже маленький шаг к пониманию того, что смерти не существует и не может существовать.

Вот как обстоит дело. Я есть энергия Жизни. Я есть то, что образует то, что принимает форму. Все, что вы видите, есть Бог в различных формациях.

Вы есть формация Бога.

Или, говоря другими словами, *вы есть информация Бога.*

Я говорил вам это и раньше, но сейчас вы можете по крайней мере понять это правильно.

Многое из того, что Я говорил вам во время наших бесед, повторяется неоднократно, и это, конечно, не случайно. Вы должны иметь твердое представление о каждой концепции, прежде чем сможете охватить умом новые, которые вы пытаетесь понять.

Некоторые из вас захотят двигаться быстрее. Некоторые скажут: «Хорошо, это я уже *получил*!» Но вы действительно это имеете? Прожитая вами жизнь является мерой того, что вы имеете и чего вы не имеете. Это отражение вашего глубочайшего понимания.

Если ваша жизнь — постоянное ощущение радости и счастья, вы действительно это имеете. Это не означает, что в вашей жизни не бывает обстоятельств, которые вызывали бы боль, страдания и разочарования. Это означает, что вы живете в радости, *несмотря* на эти обстоятельства. Ваши ощущения никак не связаны с обстоятельствами.

Это необусловленная любовь, о которой Я говорил много раз. Вы можете испытывать ее по отношению к другому человеку или по отношению к Самой Жизни.

Если вы безоговорочно любите Жизнь, значит, вы любите Жизнь *именно в том виде, в каком она проявляется прямо здесь, прямо сейчас.* Это возможно только тогда, когда вы «видите совершенство».

Я говорю вам, что всё и все совершенны. Обретая способность это видеть, вы делаете первый шаг на пути к мастерству. Но вы не можете этого увидеть, пока точно не поймете, что же каждый пытается делать и назначение каждого под небесами.

Когда, например, вы поймете, что назначение постоянного повторения основных моментов этой беседы заключается в том, чтобы все больше и больше углублять ваше понимание, все ближе и ближе подводить вас к мастерству, вы полюбите эти повторения. Вы будите любить их, потому что поймете пользу, которую они приносят. Вы воспользуетесь этим подарком.

Вы обретете невозмутимость в данный момент и во все моменты вашей жизни, независимо от того, насколько неприятными вы могли считать их раньше. Вы будете так же невозмутимы в момент перед смертью, ибо и в смерти вы увидите совершенство.

Ваша невозмутимость усилится еще больше, когда вы поймете, что *каждый момент* есть умирание. Каждый момент — это конец вашей жизни в том виде, в каком вы существовали, и начало вашей новой жизни в том виде, какой вы теперь решили принять.

В каждый момент вы воссоздаете себя заново. Вы делаете это сознательно или бессознательно, осознавая или вообще не осознавая, что происходит.

Чтобы ощутить больше жизни, вам не обязательно встречаться лицом к лицу с моментом, который вы раньше называли «смертью». Вы можете ощутить больше жизни, когда бы вы ни захотели, с помощью сотни различных способов, в сотни различных моментов — в момент рождения, в момент смерти или в любой момент между ними.

Именно это Я вам обещаю: вы *ощутите* больше жизни в момент вашей физической смерти — и это больше, чем что-либо другое убедит вас в том, что *существует* больше жизни, что жизнь продолжается и продолжается и никогда-никогда не заканчивается. В этот момент вы поймете, что никогда не было нехватки. Никогда не было недостаточного количества Жизни и никогда не было недостаточного количества материала жизни.

Это навсегда уничтожит Четвертую Иллюзию. Но эта Иллюзия может быть уничтожена и *до* момента вашей смерти, и об этом Мое послание.

И способ получить больше жизни заключается в том, чтобы испытать больше смерти. Не позволяйте смерти быть тем, что происходит раз в жизни! Ощущайте каждый момент вашей жизни как смерть, ведь на самом деле это равносильно переопределению смерти как конца одного переживания и начала нового.

Когда вы это делаете, вы в каждый момент как бы совершаете маленькое погребение того, что ушло, того, что уже умерло. А потом вы, наоборот, создаете будущее, осознавая, что будущее *существует*, что существует *больше Жизни*.

Когда вы это знаете, представление о недостаточности разбивается вдребезги и вы можете начать использовать каждый золотой Момент Сейчас по-новому, с новым пониманием и более глубокой признательностью, с большим осознанием и более сознательно.

И ваша жизнь никогда не будет той же самой, никогда.

Когда вы понимаете, что *Жизни всегда есть еще больше*, вы обучаетесь *использовать* иллюзию о недостатке Жизни таким образом, чтобы она служила вам. Когда вы идете своим путем и совершаете обратный путь домой, эта иллюзия, вместо того чтобы мешать, помогает.

Вы можете расслабиться, ибо вы знаете, что у вас есть еще время, несмотря на иллюзию, что время истекает. Эффективность вашего творчества неизмеримо возрастает, ведь вы знаете, что у вас *еще есть Жизнь*, несмотря на иллюзию, что ваша жизнь подходит к концу. Вы можете находить радость и покой, несмотря на иллюзию, что нет достаточного количества того, в чем, по вашему мнению, вы нуждаетесь в жизни, потому что теперь вы знаете, что всего достаточно. Времени, Жизни и материала жизни достаточно для того, чтобы позволить вам всегда жить счастливо.

Когда вы позволяете себе почувствовать, что существует достаточно того, что вы раньше считали недостаточным, происходят удивительные изменения в образе жизни.

Когда вы знаете, что всего достаточно, вы перестаете соперничать с другими людьми. Вы перестаете вести борьбу за любовь, деньги, секс, власть, за все, чего вам казалось недостаточно.

Соперничество прекращается.

В результате изменяется все. Теперь, вместо того чтобы соперничать с другими за получение желаемого, вы начинаете отдавать то, что хотите отдать. Вместо борьбы за то, чтобы иметь больше любви, вы начинаете отдавать больше любви. Вместо борьбы за успех вы начинаете делать все, чтобы остальные достигли успеха. Вместо того чтобы захватывать власть, вы даете возможность сделать это другим.

Вместо того чтобы искать расположения, внимания, сексуального удовлетворения и эмоциональной безопасности, вы обнаруживаете, что сами стали источником всего этого. Фактически, всем, что вы когда-либо хотели иметь, теперь вы обеспечиваете других. И самое удивительное то, что чем больше вы отдаете, тем больше вы получаете. Что бы вы ни отдали, его вдруг становится *больше*.

Причина ясна. Это происходит не потому, что то, что вы делаете, является «правильным в моральном отношении», или «духовно просветленным», или «Волей Бога». Это объясняется просто: в этом помещении нет больше никого.

Есть только один из нас.

Хотя Иллюзия утверждает, что это не так. Она утверждает, что все вы отделены друг от друга и от Меня. Она утверждает, что ничто не существует в достаточном количестве — недостаточно даже Меня — и поэтому существует что-то, что вы вынуждены делать, чтобы иметь достаточно. Она утверждает, что вы должны тщательно следить за тем, чтобы это делать. Она утверждает, что, если вы не сделаете этого, вы будете осуждены.

Похоже, это не слишком приятная вещь. И несмотря на это, если и существует что-то общее в том, что рассказывают вам мифы разных культур, — так это то, что Бог Есть Любовь. Высшая Любовь. Абсолютная Любовь. Неизмеримая Любовь. Но если Бог Есть Любовь, как может существовать Осуждение? Как может Бог приговаривать нас к вечным, нескончаемым мукам?

Вот вопросы, которые начинают задавать себе люди.

Понятно, что у Седьмой Иллюзии есть слабое место. Оно должно было бы открыть глаза на то, что представление об Осуждении является ложным. Но где-то в глубине души люди знали, что они не могут *отказаться* от этой иллюзии, иначе исчезнет из жизни что-то очень важное.

И они были правы.

Но они опять совершили ошибку.

Вместо того чтобы видеть в Иллюзии иллюзию и использовать ее для того, для чего она предназначалась, они решили, что должны *закрепить ее слабое место*.

Именно для закрепления слабого места Седьмой Иллюзии была создана Восьмая Иллюзия.

8

Иллюзия Обусловленности

Восьмая Иллюзия заключается в следующем:
СУЩЕСТВУЕТ ОБУСЛОВЛЕННОСТЬ

Чтобы могло существовать Осуждение, должно быть что-то, чего вы не можете понять о любви.

Таким был ваш вывод, и, чтобы выйти из возникшего затруднительного положения, вы изобрели Обусловленность как характерную особенность жизни.

Все в жизни должно быть обусловлено. Разве это не самоочевидный факт? — спрашивали некоторые ваши мыслители. — Вы не поняли Вторую Иллюзию? *Итог жизни сомнителен.*

Существует Неудача.

Это означает, что вы можете не суметь заслужить любовь Бога. Любовь Бога обусловлена. Вы должны выполнить Необходимое Условие. Если вы не выполните Необходимое Условие, вы будете отделены. Разве это не то, чему учит Третья Иллюзия?

Мифы вашей культуры очень убедительны. Здесь я говорю в основном о мифах западной культуры, поскольку именно в этой культуре начались эти беседы. Но в культурах

Востока, как и во многих других самых разных человеческих культурах и традициях, имеются свои мифы, и большинство из них базируются на одной или на всех Десяти Иллюзиях.

Как я уже объяснял, иллюзий гораздо больше. Каждый день вы создаете их сотнями. Каждая ваша культура создает свои собственные иллюзии, но все они так или иначе базируются на одних и тех же неправильных представлениях. Доказательством этому служит тот факт, что все они приводят к одним и тем же результатам.

На вашей планете царят алчность, насилие, убийства и — почти повсюду — обусловленная любовь.

Вы научились обусловленной любви, потому что думаете, что любовь Верховного Существа, как вы представляете себе это существо, обусловленна. Или, если вы верите не в существование Верховного Существа, а в Саму Жизнь, вы понимаете Жизнь как процесс самовыражения в контексте Обусловленности. То есть можно сказать, одно условие зависит от другого. Некоторые из вас называют это Причиной и Следствием.

Но в чем Первопричина?

Это вопрос, на который никто из вас не может дать ответ. Даже ваши величайшие ученые не могут разгадать эту тайну. Даже ваши величайшие философы не способны решить эту проблему.

Кто создал То, Что Создает?

Вы составили достаточно ясное представление о причинно-следственной Вселенной — но что было причиной Первопричины?

Именно тут спотыкаются ваши учителя. Именно тут заканчиваются ваши пути. Это именно то, что лежит на грани вашего понимания.

А теперь уйдем от этой грани.

Во Вселенной *не существует* Обусловленности. То, Что Существует, есть То, Что Существует, и *нет условий, при которых Оно бы не существовало.*

Вы понимаете?

Невозможно, чтобы того, «Что Существует», не было. Не существует условий, при которых это было бы правдой. Вот почему Жизнь вечна. Ведь Жизнь — это То, Что Существует, а Того, Что Существует, никогда не может *не быть.*

Жизнь существовала всегда, существует сейчас и будет существовать вечно, мир не имеет конца.

То же можно сказать о Боге. Потому что Бог *есть* то, чем является Жизнь.

То же можно сказать о любви. Ибо любовь *есть* то, чем является Бог.

Следовательно, любовь не знает условий. Любовь просто существует.

Любви не может не «быть», и не существует условий, при которых она могла бы исчезнуть.

В последней фразе вы можете с равным успехом заменить слово «Жизнь» или «Бог» словом «Любовь». Это тоже будет соответствовать истине.

*Обусловленная любовь — это оксюморон**.

Вы можете это понять? Одно исключает другое. Ощущение Обусловленности и ощущение любви не могут существовать в одно и то же время и в одном и том же месте.

---

* *Оксиморон, оксюморон* (греч. букв. — «остроумно-глупое») — стилистический оборот, в котором сочетаются семантически-контрастные слова, создающие неожиданное смысловое единство, напр. «живой труп», «дурак, а умный»).

4 – 4869

Именно ваше представление о том, что это возможно, разрушает вас.

Ваша цивилизация решила испытать Восьмую Иллюзию на самом высоком уровне. В результате самой вашей цивилизации грозит исчезновение.

Вам исчезновение не угрожает. Вас не может не быть. Потому что вы — это Сама Жизнь. Но форма, в которой вы выражаете Жизнь в данный момент — цивилизация, которую вы создали и которая кажется существующей вечно, — не является неизменной. Чудесной особенностью того, Кто Вы Есть, является возможность изменять свою форму, когда бы вы ни пожелали. Фактически, вы делаете это постоянно.

Но если вы наслаждаетесь формой, в которой вы сейчас существуете, почему вы изменяете ее?

Этот вопрос сейчас встал перед всем человечеством.

Вы получили рай, чтобы в нем жить. Вам доступна любая радость физической жизни. Вы действительно находитесь в Саду Эдема. Эта часть Мифа вашей культуры соответствует истине. Но вы не отделены от Меня, и никогда не будете отделены. Вы можете испытывать этот рай, сколько захотите. Или же вы можете в мгновение ока разрушить его.

Что вы выберете?

Похоже, вы выбираете последнее.

Это действительно ваш выбор?

Это ваше сознательное решение?

Подумайте над этим как следует.

От вашего ответа зависит очень многое.

***

Несмотря на отсутствие Обусловленности во Вселенной, вы твердо верите в то, что Обусловленность существует. Она наверняка существует в Царстве Божьем. Этому учит любая из ваших религий. Значит, она должна существовать во Вселенной в целом. Это, решили вы, жизненный факт. В результате вы тратите жизнь на то, чтобы понять, какие условия могут позволить вам создать жизнь — и жизнь после смерти — такую, какую вы хотите, если вы не выполните Необходимого Условия. Если вы выполните Необходимое Условие, отпадают все проблемы. Но что, если вы его не выполните?

Эти поиски уводят вас еще дальше от истины, потому что никаких условий *не существует*. Вы можете прожить жизнь так, как вам хочется, и иметь после смерти все, что можете вообразить, *просто выбрав именно это*.

В это вы не верите. Не может быть все так просто, говорите вы.

Нет, нет... мы должны выполнить Необходимое Условие!

Вы не хотите понять, что вы творческие существа. Вы не считаете таким Меня. Вы вообразили, что Я могу потерпеть неудачу в осуществлении своего желания (возвращения домой, ко Мне, всех Моих детей), — что означает, что Я вообще не являюсь по-настоящему творческим существом, а существо зависимое. Если бы Я был по-настоящему творческим, Я бы мог создать все, что пожелаю. Но вам представляется, что в достижении своих желаний Я завишу от определенных условий.

Люди не могут представить, какие условия можно было бы выполнить, чтобы вернуться домой, к Богу. Поэтому они делают лучшее из того, что могут... и просто *создают сказки*. Их пытаются объяснить ваши религии.

Религии могли не только объяснить Необходимые Условия, но и объясняли, как получить любовь Бога, не выполнив Необходимого Условия. Так родилась концепция *прощения* и *спасения*. Это были условия для получения любви. Бог говорит «Я буду любить вас, *если...*», и вот они, эти «если».

Если бы люди могли посмотреть на это объективно, тот факт, что каждая религия объясняет прощение и спасение по-разному, мог бы послужить доказательством, что все это выдумки. Но, как доказано, объективность — это как раз то, на что люди не способны. Они не способны на это даже сегодня.

Вы продолжаете заявлять, что вы ничего *не* выдумываете. Вы говорите, что условия вашего возвращения к Богу установлены Мною. А то, что несколько сот различных религий называют несколько тысяч разных условий, объясняется не тем, что я послал путаное послание, а тем, что люди просто неправильно его поняли.

Вы, конечно, все поняли правильно. Это другие, в других религиях поняли его неправильно.

Теперь появляется множество способов решить этот вопрос. Вы могли просто игнорировать этих других. Вы могли попытаться их «обратить». Вы могли решить просто их уничтожить.

Человеческая раса опробовала все три способа. И вы были правы, делая это, не так ли? Ведь вы делали это со всей ответственностью? А разве это не работа для Бога? Разве вы не чувствовали потребности убедить и обратить других, чтобы они тоже узнали, что правильно? И когда других невозможно убедить, разве это не оправдывает убийства и этнические чистки? Разве не существует неписаное «нечто», дающее вам это право?

Вот вопросы, которые начинают задавать себе люди.

Понятно, что у Восьмой Иллюзии есть слабое место. Оно должно было открыть глаза на то, что представление об Обусловленности является ложным. Но где-то в глубине души люди знали, что они не могут *отказаться* от этой иллюзии, иначе исчезнет из жизни что-то очень важное.

И опять они были правы.

Но они опять совершили ошибку.

Вместо того чтобы видеть в Иллюзии иллюзию и использовать ее для того, для чего она предназначалась, они решили, что должны *закрепить ее слабое место.*

Именно для закрепления слабого места Восьмой Иллюзии была создана Девятая Иллюзия.

9

Иллюзия Превосходства

Девятая Иллюзия заключается в следующем:
СУЩЕСТВУЕТ ПРЕВОСХОДСТВО

Люди пришли к выводу: если существует Обусловленность, то для того, чтобы получать удовольствие и строить такую жизнь — в том числе и жизнь после смерти, — какую вам хочется, необходимо *знать* условия.

Такой вывод был неизбежен, так же как и следующий: те, кто знает условия, лучше стартуют, чем те, кто их не знает.

Человечеству потребовалось совсем немного времени, чтобы из предыдущего предложения исключить слово «стартуют».

Так родилось представление о Превосходстве.

Превосходство нашло множество применений. Первым из них было необоснованное оправдание действий, необходимых для гарантии того, чтобы было «достаточно» всего — включая любовь Бога. Знание условий давало человеку право игнорировать остальных или пытаться обратить их, или просто исключить тех, кто не знают условий или не согласны с ними.

Таким образом, основным занятием становятся попытки узнать условия Жизни. Знание условий Жизни получило название науки. Знание условий жизни после смерти получило название сознания. Если человек знал эти условия и понимал их, говорили, что он обладает «правильным сознанием» или что он «сознательный».

«Высокую сознательность» стали считать результатом серьезного изучения того, что вы назвали теологией, от слов «тео» + «логия» (*«theo» + «logy»*), или, попросту говоря, логикой Бога.

После долгих исследований вы пришли к выводу, что существуют определенные обстоятельства, при которых Необходимое Условие может быть выполнено, и определенные обстоятельства, при которых это невозможно. Кроме того, существуют определенные обстоятельства, при которых человеку можно простить *невыполнение* Необходимого Условия.

Эти обстоятельства получили название «условий».

К «деланию» добавилось «наличие».

Если у вас достаточно мозгов, вы можете сделать то, что называется получить хорошее звание, подняться на вершину вашего класса и найти великолепную работу. Это называется добиться успеха.

Когда у вас достаточно денег, вы можете сделать то, что называется купить прекрасный дом, и вы можете получить то, что называется надежной защищенностью.

Когда у вас достаточно времени, вы можете иметь то, что называется каникулами, и вы можете иметь то, что называется отдохнуть, освежиться, расслабиться.

Когда у вас достаточно власти, вы можете делать то, что называется определять собственную судьбу, и вы получаете то, что называется свободой.

Когда у вас достаточно веры, вы можете сделать то, что называется найти Бога, и вы получаете то, что называется спасением.

Так вы сформулировали свой мир. Если кто-то обладает правильным материалом, он может делать правильные вещи — то, что позволяет ему быть тем, кем он всегда хотел быть.

Трудность заключается в том, что люди не могут с легкостью *делать* все, что необходимо *делать*, пока они не имеют всего того, что, по вашим словам, они должны иметь.

Даже имея мозги, они не могут получить хорошую работу, если они к тому же не принадлежат к надлежащему роду. Даже имея деньги, они не могут купить прекрасный дом, если у них не тот цвет кожи. Даже обладая верой, они не могут найти Бога, если они при этом не имеют надлежащих религиозных убеждений.

Наличие надлежащего материала еще не гарантирует исполнение всех ваших желаний, но оно дает вам хороший старт.

***

Считалось, что чем больше знаний об этих условиях приобретает человек (или думает, что приобретает), тем большим превосходством он обладает. Как Я уже упоминал, это Превосходство давало людям власть (или позволяло им присваивать эту власть), чтобы делать все, что они считали необходимым для того, чтобы гарантировать себе больше Жизни и больше Бога — то, чего им было недостаточно.

Вот почему вы вынуждены делать то, что вы делаете: потому, что существует нехватка. Именно в этом вы убеждали себя. Весь человеческий род принял эту мантру.

Вас больше одного, поэтому всего вокруг недостаточно. Недостаточно пищи, недостаточно денег, недостаточно любви, недостаточно Бога.

Вы должны соревноваться за все это.

Но если вы собираетесь соревноваться, у вас должен быть какой-то способ определять, кто побеждает.

Превосходство — был ваш ответ.

Побеждает тот, кто превосходит других, — и Превосходство основывается на некоторых условиях.

Некоторые люди стремились получить гарантии своей победы, чем произвольно расширили эти условия. Они получили возможность объявлять себя победителями заранее.

Например, они заявили, что мужчины стоят выше женщин. Разве это не самоочевидно? — спрашивали некоторые из ваших мыслителей. (Конечно, эти вопросы задавали в основном мужчины.)

Подобным образом было провозглашено превосходство белой расы.

Позднее — американцев.

И, конечно, христиан.

Или это были русские?

Или евреи?

Или женщины?

Могло ли это быть истиной? Конечно, могло. Все зависело от того, *кто создавал систему.*

В самом начале высшими существами были не мужчины... и мужчины, как ни странно, были с этим согласны. В конце концов, разве не женщины приносят жизнь? И разве жизнь это не то, чего каждый жаждет больше всего? Поэтому в период матриархата превосходством обладали женщины.

Подобным образом, белая раса не была первой расой на земле, поэтому не могла быть высшей.

По правде говоря, она не является высшей и сегодня.

Как не являются высшими существами мужчины.

Или евреи.

Или христиане.

Или мусульмане, буддисты, индусы, или даже демократы, республиканцы, консерваторы или коммунисты — *или кто бы то ни было еще.*

Вот истина — истина, которая должна сделать вас свободными, истина, которую вы не можете позволить произнести именно потому, что она *сделает* свободным каждого:

Такого понятия, как Превосходство, не существует.

Все это вы выдумали.

Что считать лучшим, определяете *вы сами* исходя из своих предпочтений, своих желаний и своих представлений (которые на самом деле очень ограниченны). Вы объявляете что-то лучшим, базируясь на *своем* восприятии, *своих* целях, *своей* программе.

И в то же время некоторые из вас заявляют, что это *Моя* программа. Именно *Бог* назвал один народ Избранным Народом, или одну веру — Истинной Верой, или какой-то путь — единственным путем спасения.

Все это возвращает нас к Первой Иллюзии: Существует Потребность.

Вы вообразили, что, поскольку у Бога есть потребности, у Бога существует программа.

Это было вашей первой ошибкой, и это привело к тому, что может стать последней. Потому что Я говорю вам: ваше представление о Превосходстве может стать вашей последней ошибкой.

Считая, что обладают превосходством над природой, люди стремятся подчинить ее себе. При этом они разрушают саму среду обитания, которая была создана для того, чтобы защитить их и их рай.

Считая, что обладают превосходством друг над другом, люди стремятся подчинить себе подобных. При этом они разрушают саму семью, которая была создана для того, чтобы заключить их в объятия и дать им любовь.

Из-за своей веры в Иллюзии ваш род очень затрудняет для себя восприятие Жизни в том виде, в каком она существует. Используя Иллюзии не по назначению, вы превратили то, что должно было быть прекрасной мечтой, в живой кошмар.

Но вы можете изменить все это прямо сейчас.

Просто попробуйте увидеть в Иллюзиях то, чем они на самом деле являются — выдуманные для определенных целей реалии, — и перестаньте руководствоваться ими в жизни, как если бы они действительно были реальными.

В частности, перестаньте с такой убежденностью проводить в жизнь Девятую Иллюзию. Используйте ее для того, чтобы понять, что Превосходство не реально. Когда Мы Все Одно, такой вещи, как Превосходство, нет места. Ничто не может быть лучше самого себя.

Все — Одно, ничего другого не существует. «Мы Все Одно» — лучше лозунга не придумать.

Это точное описание природы Конечной Реальности.

Когда вы это понимаете, вы начинаете воспринимать жизнь — и обращаться друг с другом — по-новому. Вы начинаете по-другому видеть взаимосвязь всех вещей. Вы замечаете связанность на значительно более высоком уровне. Ваше осознание расширяется, ваша проницательность обостряется. Вы, в буквальном смысле, *смотрите внутрь.*

Эта возросшая способность всматриваться в жизнь позволяет видеть дальше иллюзий, она позволяет осознать — «узнать опять», *постичь снова — свою* реальность. Именно благодаря этому процессу вы вспоминаете, Кто Вы Есть в Действительности.

Этот переход от незнания к «знанию опять» может совершаться очень медленно. Вы можете идти мелкими шагами. Малые шаги могут обеспечить большое продвижение. Всегда помните об этом.

Один из таких малых шагов — положить конец «лучшему».

Представление о Превосходстве — самое соблазнительное из всех представлений человечества. Оно может превратить сердце в камень, сделать горячее холодным, превратить «да» в «нет» — и все за одно мгновение.

«Наш путь — не лучший путь, это просто другой путь».

Эта простая фраза может положить начало устранению разногласий в ваших религиях, сузить пропасть между вашими политическими партиями, прекратить распри между вашими народами.

Одно *слово* может положить всему этому конец.

«Namaste».

Бог во мне чтит Бога в вас.

Как просто. Как прекрасно. Как, поистине, удивительно.

И как трудно, когда человек одержим Иллюзией, увидеть Бога во всех и во всем. Каждый человек должен осознавать Иллюзию — осознавать, что это *есть* иллюзия.

Если это не иллюзия, а реальная жизнь, то как же мы, вообразив себя стоящими выше других, поступаем так низко? Почему именно тогда, когда мы считаем себя лучше, мы поступаем хуже?

Понятно, что у Девятой Иллюзии есть слабое место. Оно должно было бы открыть глаза на то, что представление о Превосходстве является ложным. Но где-то в глубине души люди знали, что они не могут *отказаться* от этой иллюзии, иначе исчезнет из жизни что-то очень важное.

И они опять были правы.

Но они опять совершили ошибку.

Вместо того чтобы видеть в Иллюзии иллюзию и использовать ее для того, для чего она предназначалась, они решили, что должны *закрепить ее слабое место*.

Именно для закрепления слабого места Девятой Иллюзии была создана Десятая Иллюзия.

10

Иллюзия Неведения

Десятая Иллюзия заключается в следующем:

СУЩЕСТВУЕТ НЕВЕДЕНИЕ

По мере наложения одной Иллюзии на другую постичь Жизнь становилось все труднее и труднее. Люди задавали все больше вопросов, на которые не могли получить ответа. Если то правда, зачем это? Если это правда, зачем то? Прошло немного времени, и у философов и учителей начали опускаться руки. «Мы не знаем, — говорили они. — И мы не знаем, *возможно* ли это знать».

Таким образом родилось представление о Неведении.

Это представление служило столь многим целям, что оно быстро распространилось и превратилось в окончательный ответ.

Мы просто не знаем.

Человеческие институты начали находить в этом не только утешение, но и своего рода силу. «Мы не знаем» превратилось в «нам *не положено* это знать», затем в «вам *не нужно* это знать» и, наконец, в «то, чего вы не знаете, не причинит вам вреда».

Это позволило религиям и правительствам говорить то, что им хочется, и поступать, как им вздумается, не отвечая ни за что.

«Нам не положено этого знать» поистине стало религиозной доктриной. Во Вселенной существуют некоторые секреты, которые Бог не хочет нам открывать, утверждала эта доктрина, и даже спрашивать об этом — богохульство. Эта доктрина быстро распространилась на политику и действия правительств.

И вот вам результат: в вашей истории были времена, когда определенные вопросы, поставленные определенным образом в определенное время, лишали человека головы.

В буквальном смысле слова.

Этот запрет на то, чтобы задавать вопрос, поднял Неведение на должную высоту. Не задавать вопросов стало признаком мудрости и хороших манер. Это стало нормой поведения. По существу, это стало *ожидаемым* поведением.

И хотя сегодня наказание за неуместные вопросы может показаться не столь суровым, как в былые дни, на вашей планете есть места, где мало что изменилось.

Некоторые тоталитарные режимы в этот день и час настаивают на том, чтобы все голоса звучали в лад, чтобы замолчали голоса инакомыслящих, иногда прибегая для этого к самым грубым мерам.

В оправдание столь варварского поведения они заявляют о необходимости «обеспечивать порядок». Протесты международного сообщества встречаются с возмущенным фырканьем, репрессивные правительства заявляют, что это их «внутренние дела».

Теперь Я говорю вам это: сущностью любви является свобода. Любой, кто говорит, что любит вас и что блюдет ваши интересы, должен гарантировать вам свободу.

Все так просто. Вам не нужно искать более глубокого, изощренного понимания.

Я уже говорил вам раньше и говорю опять:

Основу человеческого опыта составляют две энергии: любовь и страх.

Любовь гарантирует свободу, она не оставляет места страху. Любовь открывает, страх закрывает. Любовь способствует вашему полному раскрытию, страх наказывает за него.

Это и есть мера того, любит вас кто-то или боится. Полагайтесь не на то, что люди говорят, а на то, что они делают.

Любовь всегда призывает вас разорвать цепи неведения. Задавать любые вопросы. Искать любые ответы. Произносить любые слова. Делиться любыми мыслями. Поддерживать какую угодно систему. Молиться какому угодно Богу.

Жить в соответствии со своей правдой.

Любовь всегда приглашает вас *жить в соответствии со своей собственной правдой.*

Именно так вы можете узнать, что это любовь.

Я люблю вас. Вот почему Я пришел сказать вам, что *Неведение есть Иллюзия.*

Вы знаете все о том, Кто Вы Действительно Есть, — вы есть сущность любви. Вам ничего не нужно изучать.

Вам нужно только вспомнить.

Вам говорят, что вы не можете знать Бога и что даже вопросы обо Мне — это преступление против Меня.

Это неправда.

Ни одно из этих утверждений не является правдой.

Вам говорят, что Мне от вас что-то нужно и, если вы Мне этого не дадите, вы можете не вернуться Домой, к Единству со Мной.

Это неправда.

Ни одно из этих утверждений не является правдой.

Вам говорят, что вы отделены от Меня и что вы отделены друг от друга.

Это неправда.

Ни одно из этих утверждений не является правдой.

Вам говорят, что существует нехватка и, следовательно, вы должны соревноваться друг с другом за все, включая Меня.

Это неправда.

Ни одно из этих утверждений не является правдой.

Вам говорят, что, если в этом соревновании вы не сделаете того, что Я от вас требую, вы будете наказаны и что этим наказанием будет осуждение на вечные муки.

Это неправда.

Ни одно из этих утверждений не является правдой.

Вам говорят, что Моя любовь к вам чем-то обусловлена и, если вы знаете и выполняете Мои условия, а также все необходимые условия, чтобы победить в соревновании за жизнь, вы будете лучше других.

Это неправда.

Ни одно из этих утверждений не является правдой.

Наконец, вам говорят, что *вы не знаете* о том, что эти утверждения ложны и что вы *никогда не сможете этого узнать*, потому что это выше вашего понимания.

Это неправда.

Ни одно из этих утверждений не является правдой.

А ТЕПЕРЬ СЛУШАЙТЕ ПРАВДУ...

1. Бог ни в чем не нуждается.

2. Бог не может потерпеть неудачу, как не можете потерпеть ее и вы.

3. Ничто ни от чего не отделено.

4. Всего достаточно.

5. Нет ничего, что бы вам нужно было делать.

6. Вас никогда не будут судить.

7. Вас никогда не осудят.

8. Любовь не знает никаких условий.

9. Ничто не может быть лучше самого себя.

10. Все это вы уже знаете.

Частъ II

Как преодолеть Иллюзии

11

Хорошо учите своих детей

Учите этим истинам своих детей.

Учите своих детей: чтобы чувствовать себя счастливыми, они не нуждаются ни в чем внешнем — ни в человеке, ни в месте, ни в вещи — и истинное счастье можно найти только внутри себя.

Учите их чувствовать себя *самодостаточными*.

Учите их этому, и вы научите их главному.

Учите своих детей, что неудача — это вымысел, что любая попытка — успех и что любое усилие увенчивается победой, причем само усилие не менее почетно, чем победа.

Учите их этому, и вы научите их главному.

Учите своих детей, что они глубоко связаны со всей Жизнью, что они есть Одно со всеми людьми и что они никогда не отделены от Бога.

Учите их этому, и вы научите их главному.

Учите своих детей, что они живут в мире чудесного изобилия, что в нем всего достаточно и что они получат большую часть, *делясь* большей частью, а не *накапливая* большую часть.

Учите их этому, и вы научите их главному.

Учите своих детей, что не существует ничего, чем они должны стать или что они должны делать, чтобы заслужить право на достойную жизнь, приносящую удовлетворение, что им не нужно соревноваться ни с кем и ни за что и что Божье благословение предназначено для каждого.

Учите их этому, и вы научите их главному.

Учите своих детей, что они никогда не предстанут перед судом, что им не следует беспокоиться о том, чтобы всегда все делать правильно, что им не нужно изменять ничего или «становиться лучше», чтобы быть прекрасными и совершенными в глазах Бога.

Учите их этому, и вы научите их главному.

Учите своих детей, что последствия и наказание — это не одно и то же, что смерти не существует и что Бог никогда никого не осудит.

Учите их этому, и вы научите их главному.

Учите своих детей, что для любви не существует никаких условий, что им не следует беспокоиться о том, что они когда-то потеряют вашу любовь или любовь Бога и что их собственная, ничем не обусловленная любовь является самым большим подарком, который они могут сделать миру.

Учите их этому, и вы научите их главному.

Учите своих детей, что быть особенным не означает быть лучшим, что заявлять о своем превосходстве над кем бы то ни было не означает быть теми, Кто Они Действительно Есть, учите их тому, какой целительной силой обладает признание «мой путь — не лучший путь, а просто другой».

Учите их этому, и вы научите их главному.

Учите своих детей, что нет ничего, что они не могли бы сделать, что иллюзия неведения может быть вырвана с корнем и что все, в чем действительно нуждается каждый, — это вернуться к себе, напоминая себе о том, Кто Ты Есть в Действительности.

Учите их этому, и вы научите их главному.

Учите всему этому не с помощью слов, но своими поступками, не путем обсуждения, а показывая им пример. Ибо ваши дети подражают тому, что вы делаете, и они станут такими, как вы.

***

Теперь идите и учите этому не только своих детей, но и всех людей во всех странах. Ведь когда вы отправляетесь в путешествие к мастерству, все люди — ваши дети и все страны — ваш дом.

Это путешествие, в которое вы отправились много столетий, много жизней назад. Это путешествие, к которому вас долго готовили и которое привело вас сюда, в это время и на это место.

Это путь, зовущий вас настойчивее, чем когда бы то ни было раньше, по которому — и вы это чувствуете — вы продвигаетесь с возрастающей скоростью.

К этому неизбежно приводит страстное желание вашей души. Это разговор вашего сердца на языке вашего тела. Это выражение Божественного в вас. И это зовет вас теперь, как никогда не звало прежде — ведь вы слышите это теперь, как никогда не слышали прежде.

Это время поделиться с миром прекрасным видением. Это видение всех умов, когда-либо по-настоящему искавших, всех сердец, когда-либо по-настоящему любивших, всех душ, когда-либо по-настоящему чувствовавших Единство с Жизнью.

Почувствовав это, вы больше никогда не удовлетворяетесь ничем другим. Испытав это, вы хотите только одного — делиться этим с теми, с кем сводит вас жизнь.

Потому что это и есть Реальность, и она оказывается поразительной противоположностью Иллюзии. Вы сможете испытать Реальность, узнать ее *благодаря* Иллюзии. Но вы не являетесь Иллюзией, и «вы», переживаемый вами на опыте среди Иллюзий, не есть тот, Кто Вы Есть в Действительности.

Вы не можете вспомнить, Кто Вы Есть в Действительности, пока вы считаете Иллюзию реальной. Вы должны понять, Иллюзия — это иллюзия, вы создали ее для вполне реальных целей, но сама Иллюзия не реальна.

Вот что вы пришли сюда вспомнить яснее, чем вспоминали когда-либо прежде.

***

Преобразование вашего мира зависит от вашего вспоминания. Смысл слова *образование* не «вкладывать», а «извлекать». Любое настоящее образование извлекает из ученика то, что уже имеется. Мастер знает, что оно уже здесь, и поэтому не нужно его сюда помещать. Мастер просто прилагает все усилия к тому, чтобы заставить *ученика* заметить, что оно здесь.

Обучение всегда заключается не в том, чтобы помочь другим научиться, а в том, чтобы помочь им вспомнить.

Любое обучение — это вспоминание. Любое обучение — это напоминание. Все уроки — это воспоминания, пережитые вновь.

Невозможно научить ничему новому — не существует ничего нового, чему можно было бы учить. Все, что когда-либо было, что есть сейчас и что когда-либо будет, *существует прямо сейчас.*

Душа имеет доступ ко всей этой информации. На самом деле душа и *есть* все это... *в процессе формирования.*

Душа есть тело Бога в процессе формирования.

Я есть постоянный процесс формирования. Этот процесс можно назвать эволюцией, и это тот процесс, который никогда не заканчивается.

Если вы видите в Боге «завершенный» процесс или «завершенное» существо, вы неправильно вспомнили, что это такое. Я вам открою великую тайну: *Бог никогда не бывает завершенным.*

Как и все остальное. Включая вас.

Бог никогда не завершит вас.

Это объясняется тем, что *вы* и *Бог* — одно и то же. И поскольку Бог никогда не может завершить Бога, Он, несомненно, не может завершить вас.

Существует Божественная дихотомия: как я уже говорил вам, все, что было, существует сейчас и все, что когда-либо будет, *существует* прямо сейчас. Я также говорил, что процесс эволюции никогда не кончается и, таким образом, не может быть лишним. Как можно совместить и то, и другое?

Ответ связан с природой времени — в том виде, в каком вы ее понимаете. На самом деле такой вещи, как время, не существует, существует просто процесс, который непрерывно совершается в никогда не заканчивающийся Момент Сейчас.

Бог есть процесс.

В рамках человеческой логики, или ограниченности человеческого ума, понять это невозможно. Эти ограничения взяты на себя добровольно, и тому есть причина. Это возвращает нас к причине всех Иллюзий, которую Я объяснял вам много раз — и буду объяснять еще много раз, прежде чем этот разговор подойдет к концу.

Поэтому сейчас просто знайте, что Бога никогда не следует «Обожествлять». Процесс, с помощью которого Я переживаю Себя на опыте, непрерывный, никогда не заканчивающийся и мгновенный.

Конкретный аспект Меня, который проявляется в виде человеческой жизни на Земле, как раз сейчас преобразуется. Именно в этот день и час вы решили играть сознательную роль в этом преобразовании. Ваше решение играть эту роль выражается уже в том, что вы взяли в руки эту книгу. Вы бы не сделали этого — тем более не дочитали бы ее до этого места, — если бы где-то на самом глубоком уровне у вас не возникло намерение вернуться к осознанию.

Даже если вам кажется, что вы относитесь к этой книге скептически или критически, в этом виновато ваше воображение в данный момент. Скрытая цель, с которой вы пришли к этому общению, — вызвать серьезное *вспоминание*.

Вспоминание — это то, что сейчас происходит с вашим миром, со всем человеческим обществом. Оно началось всерьез, и доказательства этому вы видите повсюду.

Вы стоите на пороге второго этапа процесса преобразования жизни на вашей планете, и этот процесс может быть завершен за очень короткий промежуток времени — за несколько десятилетий или за время жизни одного-двух поколений — в зависимости от того, что вы выберете.

Первый этап преобразования занял гораздо больше времени — фактически, несколько тысяч лет. Но даже это, с точки зрения Космоса, очень короткий промежуток. Именно в этот период пробуждения человечества люди, которых вы называете учителями, Мастерами, гуру или аватарами, взяли на себя задачу напомнить другим, Кто Они Действительно Есть.

Когда число людей, соприкоснувшихся с это начальной группой и ее учением, достигнет критической массы, вы ощутите усиление действия духа — или то, что вы называете прорывом, с которого начинается вторая стадия преобразования.

Сейчас те, кто достиг зрелости, начинают учить молодежь — и с этого момента движение становится очень быстрым.

Сейчас человечество переживает момент прорыва. Многие люди при переходе в новое тысячелетие ощутили перемену. Это было ключевым моментом начала глобального изменения сознания, в котором вы сейчас играете свою роль.

Ключ к продолжению этого импульса — у вашей молодежи. Если сейчас в образование ваших потомков включить определенные жизненные принципы, человечество сможет совершить квантовый скачок в своей эволюции, к которому оно уже готово.

Стройте свое образование вокруг концепций, а не академических предметов: таких основных концепций, как осознание, честность, ответственность; таких вытекающих из них представлений, как ясность, стремление поделиться, свобода, полное самовыражение, наслаждение сексом, общность людей и многообразие в единстве.

Научите своих детей всему этому, и вы научите их главному. И прежде всего, научите их понимать Иллюзию, научите их тому, как — и почему — они должны жить *с* ней, но не *в* ней.

12

Видеть в Иллюзии иллюзию

Как можно увидеть в Иллюзии иллюзию, если она кажется такой реальной?

И как она может казаться такой реальной, если это просто иллюзия?

Вот вопросы, которые начинают возникать у людей по мере их продвижения к восприятию эволюции собственного сознания.

Сейчас вы получите ответы на эти вопросы, и вы освободитесь от Иллюзии Неведения.

Сейчас Я представляю эти ответы на ваше рассмотрение.

Помните, *как и при любых сообщениях от Бога*: то, что вы прочтете, следует считать ценным, но не непогрешимым.

Не забывайте, что высшим авторитетом для себя являетесь вы сами.

Когда вы читаете Талмуд или Библию, Бхагавад-Гиту или Коран, Веды или Книгу Мормонов или любой другой священный текст, не помещайте источник вашего авторитета вне себя. Вместо этого *отправляйтесь внутрь*, чтобы проверить, действительно ли обнаруженная там истина гармонирует с истиной, которую вы найдете в своем сердце. Если это так, не говорите другим: «Это правдивая книга». Скажите: «С моей точки зрения, это правдивая книга».

И если другие спрашивают у вас, как вы живете, найдя истину внутри, отвечайте, что ваш способ жизни не лучше, он *просто другой.*

Именно в этом и заключается данное сообщение. *Это сообщение — просто другой способ смотреть на вещи.* Если оно позволяет вам лучше понять мир, — хорошо. Если оно приближает вас к собственной глубочайшей правде, — замечательно. Но будьте осторожны: не превратите его в свое новое «священное писание», так как в этом случае вы просто замените один набор убеждений другим.

Ищите не набор убеждений, ищите осознание того, что вы знаете. Используйте все, что найдете, что может вернуть вас к этому осознанию. Поймите, что вы живете среди иллюзий и что ни одна из них не является реальностью. И в то же время Иллюзии *указывают* на то, что реально, и могут позволить вам испытать это.

Как можно увидеть Иллюзию *как* иллюзию, когда она кажется столь реальной?

И как она может казаться столь реальной, если она *является* иллюзией?

Сначала ответим на второй вопрос.

Иллюзия кажется реальной, потому что слишком много людей верят в то, что это не иллюзия.

В вашей «Алисе в стране чудес» все именно такое, каким, как вы верите, оно должно быть. Этому можно привести тысячи, миллионы примеров. Приведу два из них.

Когда вы верили, что Солнце вращается вокруг Земли, — оно для вас действительно вращалось вокруг Земли. Все ваши доказательства *подтверждали, что это так!* Вы были настолько уверены в этой истине, что вокруг нее построили целую науку — астрономию.

Когда вы верите, что все физические тела движутся из одной точки в другую через время и пространство, все ваши доказательства *подтверждают этот факт!* Вы настолько уверены в этой истине, что вокруг нее построили всю свою систему физической науки.

Теперь слушайте внимательно.

Самое удивительное в этих науках и этих системах то, что *они работают*.

Созданная вами астрономия, опиравшаяся на вашу веру в то, что Земля является центром Вселенной, *работала*, объясняя визуальные явления — наблюдаемое вами движение планет в ночном небе. Ваши наблюдения подтверждали ваши убеждения, создавая то, что вы называете знанием.

Созданная вами физика, базирующаяся на вашей вере в частицы материи, *работала*, объясняя визуальные явления в физическом мире. И опять ваши наблюдения подтверждали ваши убеждения, создавая то, что вы называете знанием.

И только потом, когда вы ближе присмотрелись к увиденному, ваше представление об этих вещах изменилось. Но это изменение далось вам нелегко. Первых, кто пытался высказывать новые представления вслух, называли еретиками, позднее — глупцами или заблуждающимися. На их представления о новой астрономии, где Земля вращается вокруг Солнца, или о квантовой физике, где частицы материи не совершают постоянного линейного движения через время и пространство, а *исчезают* в одном месте и *вновь появляются в другом*, навесили ярлык духовного и научного богохуль-

5 – 4869

ства. Их сторонникам чинили всяческие препятствия, осуждали, даже отправляли на смерть за их убеждения.

Вы убеждены в том, что это правда, большинство из вас на этом настаивают. В конце концов разве не подтверждается это любым наблюдением? Но что приходит первым: убеждение или наблюдение? Вот основной вопрос. Но это тот вопрос, который вы не хотите задавать.

Возможно, вы видели то, что хотели увидеть? Может быть, вы наблюдали то, что ожидали наблюдать? Или, может быть, правильнее было бы сказать, *смотрели мимо* того, что *не ожидали увидеть*?

Я говорю вам: ответом будет «да».

Даже сегодня, когда ваша современная наука — уставшая от ошибок прошлого — торжественно обещает *вначале* наблюдать, а *потом* делать выводы, ее выводам нельзя доверять. Это происходит потому, что вы не способны ни на что смотреть объективно.

Наука пришла к заключению, что *ничто наблюдаемое не может не подвергаться влиянию наблюдателя*. Лидеры духовного пути провозгласили это столетия назад, и сейчас это захватило науку. Ваши врачи и исследователи считают, что для того, чтобы еще больше приблизиться к гарантированной точности, во время важных исследований необходимо проводить дважды слепые эксперименты.

В человеческом опыте все рассматривается в контексте того, что, как вы думаете, вы уже понимаете. Вы не можете не делать этого. Вам неизвестны никакие другие способы.

Иначе говоря, вы смотрите на Иллюзию изнутри Иллюзии.

Следовательно, любой сделанный вами вывод относительно Иллюзии *базируется* на Иллюзии. Поэтому каждый вывод является иллюзией.

Пусть это будет вашим новым пониманием и постоянным напоминанием:

Каждый вывод есть иллюзия.

А теперь давайте вернемся к первому вопросу. Как можно признать в Иллюзии иллюзию, если она кажется такой реальной?

Вы только что узнали, что причина этой кажущейся реальности не в том, что она *действительно* реальна, а в том, что вы твердо *верите* в ее реальность. Следовательно, чтобы изменить свой взгляд на Иллюзию, необходимо изменить свои убеждения относительно этой Иллюзии.

Раньше вам говорили, что следует верить лишь в то, что видишь. Но в последнее время была выдвинута новая идея — *вы видите то, во что верите*. И, говорю вам, это правда.

Если, столкнувшись с Иллюзией, вы *убеждены* в том, что это иллюзия, вы будете *видеть* в ней иллюзию, какой бы реальной она ни казалась. В результате вы сможете *использовать Иллюзию для того, для чего она предназначена*, — как инструмент, помогающий испытать Конечную Реальность.

Вы будете помнить, что создаете Иллюзию. Вы будете заставлять ее быть тем, чем *захотите* вы, вместо того чтобы просто наблюдать ее присутствие в том виде, в каком, по вашему мнению, это *должно* быть исходя из вашего соглашения о том, что «просто так оно есть».

Но как вы можете это сделать?

Вы уже делаете это. Вы просто еще не знаете об этом, поэтому делаете это бессознательно, вместо того чтобы делать сознательный выбор. В большинстве случаев вы просто принимаете то, что принимают другие.

Ваш выбор — выбирать то, что выбрано другими. В результате вы заново переживаете историю своих предков — как они заново переживали историю своих предков, до седьмого поколения.

День, когда вы перестанете выбирать то, что было выбрано *для* вас, станет моментом вашего освобождения.

Вы не *убежите* от Иллюзии, но *освободитесь* от нее. Вы выйдете за рамки Иллюзии, но будете продолжать жить с ней, освободившись от ее способности контролировать вас или вашу действительность.

Поняв назначение Иллюзии, вы не захотите избавляться от нее, пока ваши собственные цели не будут достигнуты.

Ваша цель — не только узнать и испытать, Кто Вы Есть в Действительности, но и *создать* того, Кем Вы Будете Потом. Ваша функция заключается в том, чтобы вос-создавать себя заново в каждое единственное *Мгновение Сейчас*, в следующей грандиознейшей версии самого прекрасного из всех своих представлений о том, Кто Вы Есть. *Это* и есть процесс, который вы называете эволюцией.

Но при этом у вас нет необходимости подвергаться никакому негативному воздействию этого процесса. Вы можете быть в этом мире, но оставаться «не от мира сего».

В этом случае вы начнете переживать этот мир на опыте так, как вы решите сами. Вы поймете, что испытывать себя — это *акция**, а не *реакция*; то, что вы *делаете*, а не то, что вы *получаете*.

Когда вы поймете это, все в вашей жизни изменится. Когда это поймет *достаточное количество* людей, изменится все на вашей *планете*.

Тех, кто *понимает* эту тайну, называют Мастерами. Тех, кто учит этой тайне, называют *аватарами*. Тех, кто живет согласно этой тайне, называют благословенными.

Будьте же благословенны.

***

Чтобы жить как просветленный Мастер, вам придется стать еретиком и богохульником, ибо вы больше не будете верить в то, во что верят все остальные, и другие будут отвергать вашу новую истину точно так же, как вы отвергаете их старую.

Подобно тем, кто отрицал, что мир плоский, вы начнете отрицать, что мир в том виде, в каком воспринимают его другие, реален. Как и в те времена, это будет попирать традиции, то, что казалось бесспорным, основанным на внешнем облике вещей. Как и в те времена, это будет рождать споры и несогласие, вам придется переплыть бушующий океан, чтобы увидеть бесконечные горизонты. И, как и в те времена, вы будете жить в новом мире.

Это тот мир, который вы собираетесь создать и который вы предполагаете испытать с начала времен. Время тоже иллюзия, так что, возможно, точнее было бы сказать «с момента возникновения Иллюзии».

---

* Именно в том смысле, какой, например, дает слову *акция* «Словарь русского языка» С. И. Ожегова: «действие, предпринимаемое для достижения какой-нибудь цели». — *Прим. перев.*

Всегда помните: Иллюзия — это не то, что вы *вынуждены* терпеть, это то, что вы выбираете.

Вы не должны жить с Иллюзией, если вы сами не выбрали делать это.

Вы здесь потому, что хотите здесь быть. Если бы вы этого не хотели, вас бы здесь не было.

Поэтому знайте, что Иллюзия, в которой вы живете, создается *вами*, а не кем-то другим *для вас*.

Человеческие существа, не желающие взять на себя ответственность за ту жизнь, которую они ведут, говорят, что их создал Бог и что у них нет другого выбора, кроме как терпеть ее.

И, несмотря на это, Я говорю вам: мир, в котором вы живете, такой, как он есть, поскольку вы решили, что он должен быть таким. Когда вы больше не захотите, чтобы мир был таким, как есть, вы измените его.

Это истина, которую могут принять немногие. Чтобы принять ее, люди должны были бы признать свое соучастие, а это то, чего они не хотят взять на себя. Проще отвести себе роль безвольной жертвы, чем невольного сотворца.

Это, конечно, вполне объяснимо. Если бы вы решили, что мир — результат ваших собственных действий, собственной воли и желаний, вы никогда не смогли бы себе этого простить. А почему вы не могли бы простить себя? *Потому что вы думаете, что Я не мог бы простить вас.*

Вас учили, что существуют *непростительные* вещи. А как же вы можете простить себя, если вы знаете, что Бог вас за это не простит? Никак. И вы делаете следующую замечательную вещь. *Вы исключаете себя из тех, кто должен с этим что-то делать.* Вы отрицаете свою ответственность за то, что, по вашему мнению, Я могу назвать непростительным грехом.

Это извращенная логика, ведь если не вы создали мир таким, как он есть, то кто это сделал? Когда кто-то говорит, что все эти ужасные пороки мира созданы Богом, вы начинаете защищать Меня. «Нет, нет, нет, — говорите вы. — Бог только дал человеку свободную волю. Все эти вещи созданы человеком».

Но если Я скажу «Вы *правы*, Я *не* создавал и Я *не* создаю вашу жизнь в том виде, в каком она существует, *вы* сами — творцы своей действительности», как вы сразу начинаете это отрицать.

Таким образом, вы пытаетесь примирить оба пути. Бог этого не создавал, но и вы этого не создавали. И вы, и Я просто с грустью наблюдаем все это.

Однако стоит некоторым из вас по-настоящему разозлиться или разочароваться в жизни, они сразу меняют тон. Когда что-то плохо, вы готовы обвинить Меня.

«Как Ты мог позволить, чтобы это произошло?» — взываете вы ко Мне. Находятся даже такие, кто грозят небу кулаком.

Иллюзия оборачивается замешательством. Оказывается, что не только мир — жестокое место, он к тому же был *создан* жестоким и бессердечным Богом.

Для подкрепления этой мысли вы должны видеть себя отделенными от Бога, поскольку создание жестокого и бессердечного мира — это не то, что сделали бы вы. Вы должны были вообразить Бога, который мог бы сделать то, чего вы никогда не могли бы сделать, вы должны были видеть себя объектом Его прихотей.

И вы это делаете — весьма добросовестно.

Но даже здесь вы видите противоречие, ведь Бог в вашем *высшем* понимании также не мог этого сделать. Так кто же это *сделал*? Кто *делает* это до сих пор? *Кто-то* должен нести за это ответственность. Так *кто же это*?

Появляется Сатана.

Чтобы разрешить противоречие с любящим Богом, делающим то, что не несет никакой любви, и самим убежать от ответственности, вы создали третьего.

Великолепный козел отпущения.

Дьявол.

Теперь, по крайней мере, все стало понятно. Существует Другой, кто стоит между тем, чего хотите вы, и тем, чего хочу Я, кто делает несчастными нас обоих.

Вы не несете ответственности за лишенный любви и заботы мир, в котором вы живете. Не вы его создали.

Хорошо, — можете вы сказать, — может быть, на каком-то уровне я создал это, но это не моя вина. Меня заставил это сделать Дьявол.

Ваша теология превращается в комедию.

Или это комедия превращается в теологию?

Решить это можете только вы.

13

Понимание назначения Иллюзий

Существует способ положить конец всей этой путанице, существует способ увидеть Иллюзию *как* иллюзию и, следовательно, использовать Иллюзию.

Когда вы увидите, как легко можно манипулировать Иллюзией, вы поймете, что она не реальна.

Вы можете заявить, что не в состоянии этого сделать. Вы можете сказать, что это трудное дело и оно вам не по силам. И несмотря на это, люди каждый день сознательно создают иллюзии и живут с ними.

Вам знакомы люди, которые всегда устанавливают часы на пятнадцать минут вперед, чтобы не опаздывать?

На вашей планете есть такие, кто это делают! Они действительно устанавливают часы на пять, десять, пятнадцать минут вперед по сравнению с действительным временем. Взгляд на часы заставляет их поспешить, поскольку они притворяются перед собой, что уже на несколько минут позже, чем на самом деле.

Некоторые действительно забывают о том, что они сами прибегли к этой маленькой хитрости, и считают время таким, каким оно на самом деле не является. *Это тот случай, когда иллюзия больше им не служит. Она не служит той цели, для которой была предназначена.*

Человек, понимающий, что время на его часах — иллюзия, которую *он сам создал*, глядя на часы расслабляется, он знает, что у него есть несколько минут в запасе. Он включает высшую скорость и все делает очень эффективно, потому что *он расслаблен*. Он понимает, что иллюзия не реальна.

Но тот, кто на минуту забыл, что время на его часах — иллюзия, причем иллюзия, *созданная им самим*, начинает беспокоиться, поскольку *он принимает иллюзию за реальность*.

Как видите, два человека реагируют на одно и то же обстоятельство по-разному. Один воспринимает иллюзию как иллюзию, тогда как другой воспринимает ее как реальность.

Только в том случает, когда человек воспринимает иллюзию как иллюзию, он *ведет себя* таким образом, что иллюзия может привести его к переживанию Конечной Реальности. Иллюзия служит целям своего создателя.

Теперь вы все понимаете значительно лучше.

***

Способ использовать Иллюзию заключается в том, чтобы знать, что это *есть* иллюзия, а способ узнать, что это *есть* иллюзия, заключается в том, чтобы использовать ее. Процесс идет по кругу, как и Сама Жизнь.

Этот процесс начинается с вашего отрицания Иллюзии как чего-то, имеющего отношение к реальности. Ведь вы так долго отрицали Конечную Реальность. Вы отрицали Кто Я Есть и Кто Вы Есть в Действительности. *Теперь вы просто должны полностью изменить свое отрицание.*

Можно назвать такое отрицание «реверсированием».

Посмотрите вокруг и просто скажите: *Все в моем мире нереально.*

Это так просто.

Я уже говорил вам это раньше, в разное время по-разному. Я говорю это вам опять, здесь.

Все, что вы видите, нереально.

Это ваши часы, переведенные вперед на десять минут.

Вы в полном смысле *стоите на часах.* То есть вы сознательно вводите себя в заблуждение, считая, что то, что не так, так.

Но вы должны быть начеку, ведь вы легко можете забыть, что *живете в иллюзии, созданной вами же.*

Услышав, что все, что вы переживаете на своей планете, выдумано, кто-то может испытать чувство подавленности. Но не стоит падать духом, потому что ваш мир — величайший из полученных вами подарков, чудо, которое вы можете созерцать, сокровище, которым вы можете наслаждаться.

Жизнь в физическом царстве действительно восхитительна, ее назначение состоит в том, чтобы дарить вам счастье благодаря осознанию и декларированию, выражению и удовлетворению того, Кто Вы Действительно Есть. Поэтому отправляйтесь в этот великолепный, созданный вами мир и превращайте свою жизнь в выдающееся утверждение и захватывающее переживание самого прекрасного из всех своих представлений о себе.

Помните, что каждое действие — это действие самоопределения. Каждая мысль несет энергию созидания. Каждое слово — объявление того, что является для вас истиной.

Следите за тем, чтобы осознавать, что вы делаете сегодня. Именно так вы хотите определить себя?

Следите за тем, чтобы осознавать, что вы думаете сегодня. Это именно то, что вы хотите создать?

Осознайте, что вы говорите сегодня. Вы хотите, чтобы было именно так?

Каждый момент вашей жизни — священный момент, момент творения. Каждый момент — это новое начало. В каждый момент вы рождаетесь заново.

Это ваше путешествие к мастерству. Это путешествие, которое уведет вас от созданного вами самими кошмара и приведет в эту дивную мечту, какой и должна быть ваша жизнь. Это путешествие, которое приведет вас к новой встрече с Создателем.

14

Медитация на Иллюзиях

Как уже было сказано, когда человек достигает мастерства, ничто не может сделать его несчастным. Было сказано также, что существует один секрет, позволяющий Мастерам быть таковыми.

Я уже открыл вам этот секрет, только не называл его «секретом». Поэтому вы можете не понять, что ключом ко всему является понимание*.

Здесь опять понимание. В этом весь секрет.

Отделенности не существует.

Это прозрение может изменить все ваше восприятие жизни. Это прозрение сводится к короткой фразе, способной перевернуть ваш мир вверх тормашками:

МЫ ВСЕ ОДНО.

Это *действительно* переворачивает ваш мир с ног на голову! Ведь когда вы осознаете, что существует Одно, и только Одно, Одна реальность, и только Одна реальность, Одно Существо, и только Одно Существо, вы понимаете, что на

---

* Здесь использовано англ. слово *insight* — интуиция, понимание, проницательность, способность проникновения в суть, а также уже давно принятый у русскоязычных искателей эзотерический термин, близкий к понятиям «озарение», «прозрение». — *Прим. ред.*

каком-то уровне Одно Существо *всегда добивается* — и должно добиваться — *своего*.

Другими словами, *Неудачи не существует*.

И когда вы достигаете этого уровня понимания, вы также ясно видите, что при отсутствии Неудачи Одно Существо не нуждается ни в чем.

Следовательно, *Потребности не существует*.

Внезапно, с наступившим просветлением спадают все маски. Все построения ваших иллюзий обрушиваются сами по себе. Рушатся не сами Иллюзии, а те конструкции, которые на них опирались. То есть мифы вашей культуры, на которых вы строили свою жизнь.

Все эти мифы были не более чем мифами — от придуманной вами истории о том, что потребовалось, чтобы ваша жизнь проходила как раз здесь и как раз сейчас, до истории о том, как, по вашему представлению, все начиналось — они не имеют ничего общего с Конечной Реальностью.

Сейчас, чтобы продолжать эволюционировать как вид, вам необходимо отказаться от этих мифов. Для этого существуют разные способы. Самый эффективный из них — спокойствие.

В спокойствии вы найдете свою истинную сущность. В спокойствии вы услышите дыхание своей души — и Бога.

Я говорил вам много раз и говорю вновь: вы найдете Меня в спокойствии.

Медитируйте каждый день. Задайте себе вопрос: могу ли я каждое утро и каждый вечер уделять пятнадцать минут Богу?

Если не можете, если у вас нет времени, если вы слишком перегружены, если существует слишком много всякого другого, что вы должны сделать, значит, вы захвачены Майей, Иллюзией, гораздо больше, чем вы думаете.

И тем не менее еще не поздно — никогда не поздно — освободиться от Иллюзии, увидеть в ней то, для чего она предназначена, и использовать ее, чтобы позволить себе испытать Конечную Реальность того, Кто Вы Есть в Действительности.

Начните с того, чтобы каждый день выделять крошечную часть своего времени бодрствования — это все, что от вас требуется — для интимной беседы со Мной.

Я призываю вас к единению с Богом. Я приглашаю вас пережить встречу с Творцом.

В момент единения вы узнаете, что Единство — правда вашего существования. Выйдя из медитации, вы поймете и узнаете на собственном опыте, что именно отрицание этой правды увековечивает негативное влияние Иллюзии.

Иллюзия предназначена для того, чтобы доставлять вам радость. Она должна была стать вашим инструментом. Она никогда не предназначалась для того, чтобы стать тяжелой ношей и доставлять вам страдания, чтобы быть вашим испытанием и бедой. И она перестанет быть всем этим, когда вы поймете Конечную Реальность: *Отделенности не существует.*

Не существует отделенности *ничего* ни *от* чего. Есть только Одно. Есть только Единство.

Вы не отделены ни друг от друга, ни от любой частицы Жизни. Ни от Меня.

Поскольку Отделенности не существует, нехватки быть *не может*. Так как Одно, Которое *Существует*, самодостаточно.

Поскольку Нехватки не существует, не может существовать и Необходимое Условие. Ведь когда вы ни в чем не нуждаетесь, нет ничего, что вам нужно делать, чтобы чего-то достичь.

Поскольку вам ничего не нужно делать, вас не будут судить за то, что вы это сделали или не сделали.

Поскольку вас не будут судить, вы не можете быть осуждены.

Поскольку вы никогда не будете осуждены, вы наконец узнаете, что любовь не требует никаких условий.

Поскольку любовь не требует никаких условий, в Божьем царстве не существует никого и ничего, обладающего превосходством. Не существует разрядов, иерархий, не существует того, кто бы пользовался большей любовью, чем другие. Любовь — переживание абсолютное и совершенное. Невозможно любить слегка или любить сильно. Любовь не поддается количественному определению. Можно любить по-разному, но не в разной степени.

Всегда помните об этом.

Любовь не поддается количественному определению.

Она либо есть, либо ее нет, а в Божьем царстве любовь присутствует всегда. Вот почему Бог — не тот, кто *раздает* любовь, Бог *Есть* Любовь.

Теперь Я говорю, что вы и Я — Одно, и так оно и есть. Вы сотворены по Моему образу и подобию. Следовательно, вы тоже есть любовь. В мире, который есть то, Что Вы Есть в Действительности. Вы не получатель любви, вы — то, что вы стремитесь получить. Это великая тайна, и знание этой тайны изменяет жизнь людей.

Люди тратят целую жизнь, чтобы найти то, что они уже имеют. Они имеют это, ведь они *есть это*.

Все, что от вас требуется для того, чтобы иметь любовь, — это *быть* любовью.

Вы мои возлюбленные. Каждый из вас. Все вы. Я ни одного из вас не люблю больше других, потому что ни один из вас *не больше Я*, чем другой, — хотя некоторые больше помнят Меня и, следовательно, они в большей степени они сами.

Просто не забывайте себя.

Возлюбленные, будьте любовью*.

Делайте это, чтобы помнить Меня.

Ведь все вы — часть Меня, члены Тела Бога. И когда вы помните, Кто Вы Действительно Есть, вы соединяетесь со Мной, опять становитесь членом Одного Тела.

Существует только Одно Тело.

Одно Существо.

Всегда помните об этом.

Поскольку не существует Превосходства, не существует того, кто знает больше других, и того, кто знает меньше. Существуют только те, кто помнит больше, и те, кто помнит меньше того, что было известно всегда.

Неведения не существует.

Сейчас Я пришел, чтобы вновь сказать вам следующие истины: Любовь не требует никаких условий. Жизнь бесконечна. У Бога нет потребностей. И вы — чудо. Чудо Бога, сотворенное людьми.

---

* Непереводимая игра слов: *beloved* — возлюбленный, to *be love* — быть любовью.

Это то, что вы все время хотели узнать. Это то, что вы уже знали в своем сердце и что отрицал ваш ум. Это то, что время от времени шепчет ваша душа, стоит только замолчать вашему телу и телам, которые вас окружают.

Отрицать Меня от вас требуют те самые религии, которые призывают вас узнать Меня. Потому что они говорят вам, что вы — это *не* Я, а Я — это *не* вы, что даже мысль об этом грешна.

Мы *не* одно, говорят они, мы — Творец и сотворенное. Но именно отказ от того, чтобы это принять и знать, что вы и Я — одно, является причиной боли и страданий в вашей жизни.

Теперь Я приглашаю вас на встречу с Творцом.

Вы найдете Творца внутри себя.

15

Использование Иллюзий

В подготовке встречи с Творцом хорошую службу вам сослужит готовность оставить свои иллюзии — включая Иллюзию, что вы и Творец отделены.

Именно этим мы здесь занимаемся. Именно это является целью всех бесед с Богом. Ведь сейчас вы стремитесь жить *с* Иллюзиями, а не *в* иллюзии. И именно этот искренний поиск привел вас сюда, к этому общению.

Вы уже начали понимать, что у Иллюзий есть слабое место. Оно должно было бы разоблачить ошибочность всех Иллюзий, но где-то в глубине души люди знали, что они не могут *отказаться* от иллюзий, иначе из жизни исчезнет что-то очень важное.

И они были правы. Но они совершили ошибку. Вместо того чтобы видеть в Иллюзиях иллюзии и использовать их для того, для чего они предназначались, они решили, что должны *закрепить их слабое место*.

Выход в том, чтобы никогда не закреплять слабое место, а ясно видеть его, и таким образом вспоминать то, что вы в глубине души знаете. Именно поэтому вы не можете отказаться от иллюзий без того, чтобы лишиться чего-то жизненно важного.

Я уже объяснял вам это раньше, во время наших бесед. Я объясню вам это здесь опять, в последний раз, чтобы ваши воспоминания были вам совершенно ясны.

Причина иллюзий — обеспечение локализованного контекстуального поля, внутри которого вы могли бы вос-создавать себя заново в следующей грандиознейшей версии самого прекрасного из всех своих представлений о том, Кто Вы Есть.

Сама Вселенная представляет собой контекстуальное поле. Это ее определение и ее *назначение*. Оно обеспечивает способ выражения жизни и ее физического восприятия.

Вы, подобно всем и всему вокруг вас, являетесь локализованной версией этого самого контекстуального поля. Другими словами, локализованным Богом.

Вне этого локализованного контекста вы можете узнать себя только как Все, Что Есть. А Все, Что Есть, не может испытать Себя как то, что оно есть, потому что при этом нет ничего другого.

При отсутствии того, чем вы не являетесь, нет Того, Чем Вы *Являетесь*. Его нельзя испытать. Его нельзя узнать.

Я уже говорил вам это много раз.

Я говорил вам, что при отсутствии быстрого нет «медленного». При отсутствии вверху нет «внизу». При отсутствии здесь нет «там».

Следовательно, при отсутствии Иллюзий вы находились бы — в буквальном смысле — *ни здесь, ни там*.

И вот вы все вместе создали эти великолепные Иллюзии. Мир — а фактически, Вселенная — вашего собственного производства. Это обеспечило вам контекстуальное поле, в пределах которого вы можете решать и заявлять, создавать и выражать, испытывать и удовлетворять того, Кто Вы Есть в Действительности.

Вы все это делаете. Огромное количество людей. Каждый из вас, кто является индивидуацией Божественного Целого. Вы, каждый из вас, стремитесь узнать себя, стремитесь определиться.

Кто вы? Вы хороший? Вы плохой? Что такое «хорошо»? Что такое «плохо»? Вы большой? Вы маленький? Что такое «большой»? Что такое «маленький»? Являетесь ли вы чем-то таким? Что значит быть именно таким? Вы на самом деле нечто удивительное?

Это единственный вопрос, который всегда интересовал Бога.

Кто Я есть? Кто Я есть? *Кто Я есть?*

И кем мне теперь быть? Что я выбираю?

Это единственный вопрос, который имеет значение, и именно для решения этого вопроса ваша душа использует каждый момент вашей жизни.

Не для того, чтобы разузнать. Чтобы *решить.* Ведь жизнь — это не процесс обнаружения, *это процесс творения.*

Каждый поступок — это акт самоопределения.

Бог каждый момент находится в процессе самосотворения и самоиспытания. *Это именно то, что вы здесь делаете.* И вы используете испытание того, чем вы не являетесь, чтобы испытать, Кто Вы Есть в Действительности.

Не существует ничего, чем вы не являетесь. Вы — все, что есть, вы — все это. Бог — Все, Что Есть. Бог — все. Поэтому для того, чтобы вы (Бог) могли узнать ту часть, которую вы сейчас выражаете, вы должны представить себе, что существуют части, которыми вы не являетесь. Это Великое Представление. Это все Иллюзии Жизни.

Поэтому используйте Иллюзии и будьте за них благодарны. Ваша жизнь — волшебный фокус, и волшебником являетесь вы.

Выражение великолепия того, Кто Вы Есть, в тот момент, когда вы сталкиваетесь с Иллюзией, — это именно то, с чего начинается путь к мастерству. В этом контексте важно признавать, что Иллюзии могут казаться очень реальными.

Понимание того, что Иллюзии *есть* иллюзии, — это первый шаг в их использовании с той целью, для которой они предназначены, но не единственный. Следующим шагом будет ваше решение о том, что эти Иллюзии означают.

Наконец, вы выбираете аспект Божественного (часть своего я), который вы хотите испытать в том локализованном контекстуальном поле (то, что вы называете «ситуацией» или «обстоятельствами»), с которым вы столкнулись (создали).

Если говорить коротко, этот процесс заключается в следующем:

А. Увидеть Иллюзии как иллюзии.

Б. Решить, что они означают.

В. Заново вос-создать себя.

Существует много способов использовать Десять Иллюзий и множество способов испытать их. Вы можете выбрать испытать их как факты, существующие в настоящий момент, или как воспоминания из прошлого. Именно последний способ использования Иллюзий применяют продвинутые культуры и существа.

Высокоразвитые существа продолжают осознавать Иллюзии и никогда не отказываются от них (помня, что исчезновение Иллюзий привело бы к исчезновению самой жизни в том виде, в каком вы ее знаете), но они переживают их как часть своего прошлого, а не как часть своего настоящего. Они помогают друг другу всегда помнить о них, но никогда не жить согласно им, как если бы они опять стали фактами здесь-и-сейчас.

Но независимо от того, переживаете вы их как моменты настоящего времени, или как напоминания из прошлого, важно видеть в них то, чем они являются, — иллюзиями. Тогда вы можете использовать их по своему усмотрению.

Если вы хотите испытать конкретный аспект самого себя, Иллюзии будут вашим инструментом. Каждую из Иллюзий можно использовать, чтобы испытать множество аспектов того, Кто Вы Есть, а можно комбинировать Иллюзии, чтобы испытать несколько аспектов сразу — или чтобы испытать отдельный аспект разными способами.

Например, можно объединить Первую и Четвертую Иллюзии — Иллюзии Потребности и Нехватки, — чтобы испытать конкретный нюанс своей истинной сущности, который можно назвать уверенностью в себе.

Вы не можете почувствовать уверенность в себе, если нет ничего, относительно чего ощущается эта уверенность. Используя Иллюзию Потребности и Нехватки, вы можете вначале воспользоваться представлением о «недостатке», а потом преодолеть его. Повторяя это неоднократно, вы развиваете ощущение уверенности в себе, уверенности в том, что все, в чем вы нуждаетесь, всегда имеется в достаточном количестве. Этот опыт проверяет и подтверждает Конечная Реальность.

Именно это имеют в виду, когда говорят, что человек «захвачен какой-то идеей». Вы переживаете процесс вос-создания себя заново — и это *настоящее воссоздание!*

Приведу еще один из бесконечного числа примеров. Можно для конкретного эффекта или переживания сочетать Вторую и Шестую Иллюзию — о Неудаче и Суде. Вы можете позволить себе вообразить, что вы потерпели неудачу, потом судить себя за это или принять суждение других людей. Потом вы можете подняться над своей «неудачей», подняв кулак и как бы говоря «Я тебе покажу», и праздновать победу!

Это восхитительное переживание, и большинство из вас предоставляют его себе неоднократно. Но если вы при этом упускаете из виду тот факт, что Неудача и Суд — это Иллюзии, вы можете в этом увязнуть, и очень скоро все это начнет казаться вам суровой действительностью.

Уходя от «суровой действительности» жизни, вы уходите от Иллюзий и начинаете видеть в них то, чем они на самом деле являются.

Любую из Иллюзий можно сочетать с любой другой — Отделенность с Потребностью, Осуждение с Превосходством, Неведение с Превосходством, Нехватку *и* Осуждение с Неудачей и т. д. Взятые каждая отдельно или в сочетании с другими, Иллюзии образуют великолепные *контрастирующие концептуальные поля*, позволяя вам испытать, Кто Вы Есть в Действительности.

Вам уже много раз было сказано, что в относительном мире нельзя испытать, Кто Вы Есть, иначе, чем в пространстве того, чем вы не являетесь. Назначение Иллюзий в этом и состоит — это пространство, контекст, в рамках которого вы можете испытать каждый аспект самого себя, и возможность выбрать Высший Аспект того, что вы можете постичь в любой заданный момент.

Теперь вы понимаете? Теперь вы видите?

Хорошо. А сейчас давайте рассмотрим одну за другой все Иллюзии вместе с примерами того, как их можно использовать для вос-создания себя заново так, как это описано здесь.

***

Первую Иллюзию, *Иллюзию Потребности*, можно использовать для испытания огромного аспекта того, Кто Вы Есть, который можно выразить следующим образом: *тот, кто ни в чем не нуждается.*

Для того чтобы существовать, вы не нуждаетесь ни в чем, как не нуждаетесь ни в чем, чтобы существовать вечно. Иллюзия Потребности создает контекстуальное поле, в рамках которого вы можете получить этот опыт. Когда вы выходите за пределы Иллюзии, вы испытываете Конечную Реальность. Иллюзия создает контекст, в котором можно понять Конечную Реальность.

Конечная Реальность — это то, где уже существует все, в чем, как вы думаете, вы нуждаетесь. Она существует внутри вас. По существу, это и *есть* вы. Вы *есть* то, в чем вы нуждаетесь, — и, следовательно, в любой момент вы даете себе все, что вам нужно. Фактически, это означает, что вы вообще ни в чем не нуждаетесь. Чтобы понять это, чтобы узнать это на опыте, вы должны видеть в Иллюзии Потребности иллюзию. Вы должны выйти за ее пределы.

Чтобы выйти за пределы Иллюзии Потребности, посмотрите, в чем, как вам кажется, вы сейчас нуждаетесь — то есть чего, по вашему мнению, вы сейчас не имеете и что, как вы чувствуете, должны иметь, — а после этого обратите внимание на то, что, хотя у вас этого нет, *вы все еще здесь*.

Это очень важное заключение. Если вы здесь, прямо сейчас, без того, в чем, как вам кажется, вы нуждаетесь, то *почему же вы думаете, что вы в этом нуждаетесь?*

Это ключевой вопрос. Он открывает золотую дверь — дверь ко всему.

В следующий раз, когда вы вообразите, что вам что-то нужно, задайте себе вопрос: «Почему я думаю, что мне это нужно?»

Это очень освобождающий вопрос. Это свобода, выраженная семью словами.

Увидев все так, как оно есть, вы поймете, что вы ни в чем *не* нуждаетесь, что вы никогда в этом не нуждались, что *вы все это выдумываете*.

Вы даже не нуждаетесь в воздухе, которым дышите. Это вы поймете в момент своей смерти. Воздух — это то, в чем нуждается только ваше тело, а вы не есть ваше тело.

Ваше тело — это нечто такое, что вам принадлежит, но не то, что вы есть. Это удивительный инструмент. И, несмотря на это, чтобы продолжать процесс творения, вы не нуждаетесь в теле, которое принадлежит вам в настоящий момент.

Эта информация может быть приятной с эзотерической точки зрения, но она не способствует уменьшению вашего страха перед утратой собственного тела, своей семьи и обстоятельств, в которых вы находитесь. Уменьшить этот страх позволяет непривязанность — практика Мастеров. Прежде чем утверждать, что жизнь тела — иллюзия, Мастера научились достигать непривязанности. Для тех, кто не работает на уровне мастерства, чтобы убедиться в этом, часто требуется опыт, который вы называете смертью.

Когда вы находитесь вне своего тела (то есть когда вы «умерли»), вы сразу же понимаете, что это состояние бытия не является тем наводящим ужас переживанием, о котором вы слышали, обнаруживаете, что это на самом деле прекрасное, удивительное переживание. Вы видите также, что это состояние намного предпочтительнее, чем быть привязанным к своей физической форме, как и предпочтительнее *любых* привязанностей, которые могла создать ваша последняя форма. Вопрос непривязанности становится простым вопросом.

Но, чтобы узнать великолепие жизни и того, Кто Вы Есть, вам не нужно дожидаться, когда вы будете удалены из своей физической формы: вы можете управлять своей Жизнью, находясь *в* своей физической форме. Это можно сделать, добившись непривязанности *до* того, как вы умрете. И сделать это вы можете, выйдя за пределы Иллюзии Потребности.

Этот выход сопровождается более глубоким пониманием как жизни, так и смерти, включая знание того, что смерти в том смысле, в каком вы ее понимаете, не существует и что Жизнь продолжается вечно. Когда вы это понимаете, становится возможной непривязанность к чему угодно в Жизни — включая Саму Жизнь. Ведь теперь вы знаете, что, принимая во внимание, что жизнь длится вечно, *вы сможете опять иметь эти привязанности, как и другие, которых, как вы думали, вы никогда больше не испытаете.*

Все ваши земные привязанности вы можете, по существу, испытать в том состоянии, которое вы называете «жизнью после смерти», *или в любой будущей жизни*, так что у вас будет ощущение, будто вы вообще ничего не потеряли. Постепенно, осознавая замечательные возможности непрерывного расширения и роста, которые предоставляет вам никогда не заканчивающаяся Жизнь, вы освободитесь от своих привязанностей.

И, несмотря на это, вы никогда не перестанете любить тех, кого вы любите в этой или в любой другой жизни, и в любое время, когда вы захотите, вы испытаете полное Единство с ними на уровне Сущности.

Стоит вам почувствовать, что вы соскучились о ком-то, живущем в физическом теле на Земле, и вы сможете оказаться рядом с ним со скоростью мысли.

Если вы почувствуете, что соскучились о ком-то, кто уже покинул свое тело, по любимому человеку, который умер раньше вас, вы сможете опять соединиться с ним после своей смерти, если это будет вашим выбором, или в любой момент, когда пожелаете, — опять же со скоростью вашей мысли.

Это только часть тех чудес, которые вас ждут. Я расскажу вам больше — значительно больше — в нашей следующей беседе, которая будет сфокусирована на переживании умирания с Богом.

Вы не можете умереть без Бога, но вы можете вообразить, что вы это делаете. Это мнимый ад, страх которого поддерживает любой другой испытываемый вами страх. Но вам нечего бояться, и вам ничего не нужно, потому что вы не только не можете умереть без Бога, вы не можете жить без Бога.

Ведь Я — это вы, а вы — это Я, мы не можем быть отделены друг от друга. Вы не можете умереть без Меня, потому что «без Меня» — это состояние, в котором вы никогда не можете оказаться.

Я есть Бог, и Я есть Все, Что Существует. Так как вы — часть Всего, Что Существует, *Я есть то, что есть вы.* Не существует той вашей части, которая не была бы Мной.

А если Все, Что Существует, всегда с вами, значит, вы ни в чем не нуждаетесь — и это правда вашего существования. Когда вы поймете это достаточно глубоко, вы будете жить в своем теле совсем иначе. Вы ничего не будете бояться — и само это бесстрашие подарит вам блаженство, ведь при отсутствии страха нет ничего, чего следует бояться.

И наоборот, наличие страха привлекает к вам все, чего вы боитесь. Страх — сильная эмоция, а сильная эмоция — энергия в движении — обладает созидательной силой. Именно это побудило меня сказать:

«Вам нечего бояться, кроме самого страха».

Жить без страха — значит знать, что любой исход в жизни прекрасен, включая исход, которого вы боитесь больше всего, то есть смерть.

Я говорю вам это здесь. Я даю вам сейчас эту информацию. Если вы внимательнее присмотритесь к своей жизни, вы увидите, что у вас всегда было все необходимое, чтобы попасть в следующий момент и в конечном счете чтобы привести вас туда, где вы сейчас находитесь. Доказательством этого утверждения служит то, что вы сейчас здесь. Понятно, что вы ни в чем больше не нуждаетесь. Вы можете хотеть чего-то еще, но *не нуждаетесь* вы ни в чем. *Все ваши потребности удовлетворяются.*

Это потрясающее открытие, и оно всегда соответствует истине. Любая видимость противоположного есть Ложное

Доказательство, Кажущееся Реальным*. Итак, «Не бойтесь, потому что Я с вами».

Когда вы знаете, что все обернется наилучшим образом и что нет ничего, чего стоило бы бояться, обстоятельства, которые вы когда-то определяли как страшные, видятся совсем в другом свете. По существу, они видятся *в* свете, а не во тьме, и вы начинаете называть свой страх «приключением».

Подобная реконтекстуализация способна изменить всю вашу жизнь. Вы можете жить, не зная страха, вы можете испытать то блаженство, для которого вы были созданы. Понимание Иллюзии Потребности как иллюзии позволяет вам использовать ее в тех целях, для которых она была предназначена — в качестве инструмента, позволяющего вам испытать это блаженство и узнать себя как того, Кто Вы Есть в Действительности.

Например, использование иллюзии, что вы нуждаетесь в своем теле, заставляет вас защищать его, заботиться о нем, следить за тем, чтобы ему не наносился вред. Это позволяет вам использовать тело для еще большего блаженства, для которого оно и было предназначено.

Подобным образом, использование иллюзии, что вы нуждаетесь в каких-то взаимоотношениях, заставляет вас защищать эти отношения, заботиться о них, следить за тем, чтобы им не наносился вред. Это позволяет вам использовать эти взаимоотношения для еще большего блаженства, для которого они и были предназначены.

То же можно сказать обо всем, в чем, по вашему мнению, вы нуждаетесь. *Используйте* то, что вы вообразили. Используйте все это чисто практически. Но помните, что оно пред-

---

* В английском языке первые буквы этих четырех слов — *False Evidence Appearing Real* — образуют слово *FEAR* — СТРАХ.

назначено для того, чтобы служить вам, тогда как вы видите, что это Иллюзия. Как только вы начинаете верить, что Иллюзия реальна, вы превращаете осмотрительность (вполне целенаправленное использование Иллюзии) в страх и начинаете за нее цепляться. Любовь превращается в обладание, а обладание становится одержимостью. Вы попадаете в ловушку привязанности. Вы теряетесь в Иллюзии.

А когда вы теряетесь в Иллюзии Потребности, вы теряетесь на самом деле. Ведь Иллюзия Потребности — величайшая из всех Иллюзий. Это Первая, и самая сильная, Иллюзия. Это Иллюзия, на которой базируются все остальные. Тот, Кто Вы Есть, — это тот, у кого *нет* потребности, и вы теряете именно того, *Кто Вы Есть*.

О человеке часто говорят, что «он просто пытается найти себя». И это *очень верно* сказано. То, что вы все пытаетесь найти, это ваше «я». Но этого «я» вы не найдете нигде снаружи. То, что вы ищете, можно найти только внутри.

Помните, что Я говорил вам: Если вы не идете внутрь, вы идете наружу.

Только внутри вы можете найти ответ на вопрос «Почему я думаю, будто мне нужны эти находящиеся вне меня человек, место или вещь?» Только внутри вы можете вспомнить, что они вам не нужны. Тогда вы узнаете, что значат слова «*Когда-то я потерял себя, но теперь я нашел себя*».

То, что вы хотите найти, это истинная сущность. Вы используете Первую Иллюзию, чтобы испытать себя как Божественную сущность, которая ни в чем не нуждается, потому что любая ее потребность всегда удовлетворяется. Когда вы пробудитесь и начнете понимать эту истину, вы будете ощущать это все больше и больше в своей повседневной действительности. И вы станете в буквальном смысле тем, кем, как вы знаете, вы должны быть.

Всегда помните это.

Вы становитесь тем, кем, как вы знаете, вы должны быть.

***

Вторая Иллюзия, *Иллюзия Неудачи*, может быть использована для того, чтобы испытать свою неспособность потерпеть неудачу в чем бы то ни было.

Что бы вы ни делали, это не может стать неудачей — это только часть процесса, который вы переживаете, чтобы достичь того, чего вы хотите достичь, и испытать то, что вы хотите испытать.

Вы хотите испытать, Кто Вы Есть. Вы не можете испытать, Кто Вы Есть, при отсутствии того, чем вы не являетесь. Поэтому знайте, когда вы испытываете то, чем вы не являетесь, это не *неудавшийся* опыт, а *способ* испытать, Кто Вы Есть.

То, что было сейчас сказано, очень важно, хотя легко пройти мимо подобного утверждения и не заметить его глубокого смысла. Поэтому Я собираюсь его повторить.

Когда вы испытываете то, чем вы не являетесь, это не *неудавшийся* опыт, а *способ* испытать, Кто Вы Есть.

Поэтому, когда в вашей жизни появляется то, что вы называете «неудачей», принимайте это с любовью, не осуждайте и не считайте чем-то неуместным. Ибо то, чему вы сопротивляетесь, упорствует, а то, на что вы смотрите, исчезает. То есть оно теряет свою иллюзорную форму. Вы видите, для чего это на самом деле существует, точно так же как видите, Кто Вы Есть в Действительности.

Когда вы, применив приобретенную мудрость, используете Иллюзию Неудачи, чтобы обратить внимание на то, что вы должны выучить (вспомнить) о жизни, иллюзия превращается в инструмент, который позволяет вам замечать, что вы всегда достигаете успеха.

Проще говоря, чтобы выйти за пределы Иллюзии Неудачи, просто нужно смотреть на все как на часть своего успеха. Все ведет к вашему успеху, создает ваш успех, является частью процесса, с помощью которого вы ощущаете свой успех.

Многие понимают это интуитивно. К таким людям относятся ученые. Начиная важный эксперимент, они не только предвидят возможность неудачи, *они приветствуют ее*. Ведь настоящий ученый хорошо понимает, что «неудавшийся» эксперимент на самом деле не «не удался», а только подсказал путь к успеху.

То, что работает «так, как вы ожидали», нельзя считать определением успеха, а то, что не работает «так, как вы ожидали», нельзя считать определением неудачи. Если вы проживете долгую жизнь, придет время, когда вы будете утверждать, что справедливо прямо противоположное.

То, что вы называете сплошными неудачами, на самом деле — успешный эксперимент. А как же то, что вы называете «успешным», может быть *неудачей*?

И все же *Иллюзия* Неудачи необходима для того, чтобы испытать опьянение от успеха. Если бы вы во всем «успевали», вы не ощущали бы успеха ни в чем. Вы бы просто чувствовали, что делаете то, что делаете, но не могли бы ни считать свои действия успешными, ни испытывать изумление и блаженство, понимая, Кто Вы Есть, поскольку не было бы контекстуального поля, в котором это можно заметить.

Если вы, играя в регби, забиваете гол с первой попытки, это, конечно, вызывает бурную радость. Но если бы вы забивали гол с *каждой* попытки, это быстро перестало бы вас радовать. Для вас это не значило бы ничего. Не существовало бы ничего, *кроме* удачных пассов, и забивать голы стало бы бессмысленно.

Все в жизни носит циклический характер. И именно эти циклы дают жизни смысл.

На самом деле *не существует такой вещи, как неудача*. Существует только успех, который проявляет множество своих аспектов. Не существует также такой вещи, как отсутствие Бога. Существует только Бог, который проявляет множество своих аспектов.

Вы чувствуете параллель? Вы видите модель?

Этот простой подход все меняет. Когда вам станет это ясно, вы почувствуете благодарность и удивление. Благодарность за все «неудачи» своей жизни и удивление, что потребовалось столько времени, чтобы понять, какое сокровище было вам дано.

Вы, наконец, поймете, что действительно «Я привожу к вам только ангелов» и «Я даю вам только чудеса».

В тот момент, когда вы это поймете, вы будете знать, что вы никогда не можете не добиться успеха.

Всегда помните об этом.

Вы никогда не можете не добиться успеха.

***

Третью Иллюзию, *Иллюзию Отделенности*, можно использовать для того, чтобы ощутить свое единство со всем.

Если ты объединен с чем-то в течение долгого времени, в какой-то момент ты вообще перестаешь замечать, что существуешь «ты». Представление о «я» как об отдельной сущности постепенно исчезает.

Это часто испытывают люди, которые долгое время находились вместе. Они начинают утрачивать свою индивидуальность. Это чудесно — до поры до времени. Но, когда Единство испытывается постоянно, это ощущение чуда исчезает, ибо Единство при отсутствии Отделенности — ничто. Оно уже воспринимается не как экстаз, а как пустота. При отсутствии Отделенности *когда бы то ни было* Единство — фикция.

Вот почему Я передаю тебе эти слова:

Пусть в вашей близости будет пространство.

Пейте из полной чаши, но не из одной и той же. Колонны, поддерживающие одну конструкцию, стоят порознь, и струны лютни отделены одна от другой, хотя их вибрация рождает одну и ту же музыку.

Все в жизни — это процесс испытания Единства и отделенности, Единства и отделенности. Это ритм жизни. По существу, это ритм, создающий Саму Жизнь.

Я говорю вам опять: Жизнь, как и все в ней, это цикл. Цикл, заключающийся в движении туда-сюда. Вместе — врозь. Вместе — врозь.

Даже когда объекты разделены, они все равно вместе, потому что невозможно по-настоящему отделиться, можно только стать больше. Поэтому, даже если что-то кажется стоящим обособленно, оно все равно является частью целого, а это значит, что на самом деле разделения не существует.

Вся ваша Вселенная когда-то была единой настолько, что понять это невозможно, она была сжата в бесконечно малую точку — меньше, чем период времени до конца этого предложения. Затем произошел взрыв, но на самом деле она *не разделилась* — просто стала больше.

Бог не может разделить Себя на части. Нам может казаться, что мы приходим *порознь**, но на самом деле мы просто становимся *частью*. Наше подлинное Единство испытывается еще раз, когда мы «опять становимся членами» и вспоминаем**.

Когда вы видите других людей, которые кажутся отделенными от вас, посмотрите на них глубже. Посмотрите *в* них. Смотрите подольше, и вы ухватите их сущность.

А потом вы встретитесь с собой, поджидающим вас там.

Когда вы видите что-то в своем мире — часть природы, другой аспект жизни, — что кажется отделенным от вас, посмотрите на это глубже. Посмотрите *в* это. Смотрите подольше, и вы ухватите сущность этого явления.

А потом вы встретитесь с собой, поджидающим вас там.

В этот момент вы поймете Единство всех этих вещей. А когда ощущение Единства возрастает, страдания и печаль уходят из вашей жизни, потому что страдание — это реакция на отделенность, а печаль — сообщение о ее истинности. Но это ложная истина. Это то, что только кажется истиной. Это не конечная истина.

Подлинная отделенность от кого бы то ни было или чего бы то ни было просто невозможна.

Это иллюзия.

---

* Игра слов: «We can *appear* to have come apart, but we have all simply become *a part*».

** Автор эту мысль выражает одним словом — *re-member*: *remember* — вспоминать, *re-member* — снова член. — *Прим. перев.*

Это замечательная иллюзия, ведь она позволяет вам испытать экстаз Слияния, но тем не менее это только иллюзия.

Используйте Иллюзию Отделенности, как ремесленник использует свой инструмент. Создавайте с помощью этого инструмента свой опыт полного объединения, используйте этот инструмент, чтобы снова и снова вос-создавать этот опыт.

Когда везде, куда бы вы ни посмотрели, вы видите только себя, вы всматриваетесь глазами Бога. И когда вы чувствуете, как это Единство возрастает, боль и разочарование исчезают из вашей жизни.

Всегда помните об этом.

Когда вы чувствуете, как это Единство возрастает, боль и разочарование исчезают из вашей жизни.

***

Четвертую Иллюзию, *Иллюзию Нехватки*, можно использовать для ощущения изобилия во всем.

Бог обладает изобилием, и то же самое можно сказать о вас. В Саду Эдема у вас было все, но вы не знали этого. Ваша жизнь была вечной, но это не имело для вас значения. Все это не производило на вас впечатления, ведь вы не знали ничего другого.

Сад Эдема — это миф, но он предназначен для того, чтобы выразить великую истину. Когда вы имеет все, но при этом не знаете, что вы имеете все, вы не имеете ничего.

Для вас единственный способ узнать, что для вас значит иметь все, — в какой-то момент иметь меньше, чем все. Отсюда — Иллюзия нехватки.

Эта нехватка должна была стать благословением, с ее помощью вы могли бы узнать и испытать подлинное изобилие, которым вы обладаете. Но, чтобы приобрести этот опыт, необходимо выйти за пределы Иллюзии — увидеть Иллюзию *как* иллюзию и выйти из нее.

Вот способ выйти за пределы Иллюзии Нехватки: пополните нехватку, которую вы видите *вне себя.* Ведь именно здесь лжет Иллюзия: вне вас. Следовательно, если вы видите нехватку вне себя, *пополните эту нехватку.*

Если вы видите голодных людей, накормите их.

Если вы видите людей, нуждающихся в одежде, оденьте их.

Если вы видите людей, нуждающихся в пристанище, предоставьте им пристанище.

Тогда вы ощутите, что у вас вообще нет ни в чем недостатка.

Как бы мало у вас ни было того или иного, вы всегда найдете кого-то, у кого этого меньше. Найдите этого кого-то и дайте ему от своего изобилия.

Старайтесь быть не получателем, а источником.

Помогите иметь другому то, что вы хотите иметь сами.

То, что вы хотите испытать, помогите испытать другому.

Делая это, вы будете помнить, что всем этим вы обладали всегда.

Вот почему сказано: «Делайте для других то, что вы хотите, чтобы они делали для вас».

Поэтому не надо искать вокруг. Что нам есть? Что нам пить? Посмотрите на птиц в воздухе. Они ничего не сеют, не жнут, не собирают в житницы, и все же у них достаточно пищи. Да и кто из вас, тревожась, может прибавить себе что-нибудь в жизни?

И не спрашивайте: Во что нам одеться? Посмотрите на лилии, как они растут: не трудятся, не прядут; но говорю вам, что и Соломон во всей славе своей не одевался так, как всякая из них.

Поэтому ищите же прежде Царства Божия, и это все приложится вам.

А как вы можете искать Царства Божьего? Создавая Царство Божье для других. *Будучи* Царством Божьим, где другие могут найти убежище и силу. *Неся* Царство Божье и все его благословение всем тем, с чьей жизнью вы соприкасаетесь. Потому что вы становитесь тем, что отдаете.

Всегда помните об этом.

Вы становитесь тем, что отдаете.

***

Пятую Иллюзию, *Иллюзию Необходимого Условия*, можно использовать для того, чтобы ощутить, что вы ничего не должны делать, чтобы узнать и испытать, Кто Вы Есть в Действительности.

Только делая то, что, как вы вообразили, от вас требуется, чтобы выполнить работу своей жизни, вы можете прийти к полному пониманию того, что ничего этого делать не нужно.

Спросите старых людей. Спросите тех, кто всегда подчинялся требованиям и строго придерживался правил. Их ответ будет кратким:

«Нарушайте правила».

Скажут они вам это без колебаний. Их ответы будут быстрыми и четкими.

«Выходите за черту».

Не бойтесь.

«Прислушивайтесь к своему сердцу».

«Не позволяйте *никому* указывать, что вам делать».

К концу жизни вы будете знать, что все, что вы делали, не имеет значения — имеет значение *только то, кем вы были, когда делали это*.

Были ли вы счастливы? Были ли вы добры? Были ли вы милосердны? Заботились ли вы о других, сочувствовали ли им, считались ли с ними? Были ли вы великодушны, делились ли тем, что имели, и — самое главное — любили ли вы?

Вы увидите, что для вашей души имеет значение не то, что вы *делали*, а то, кем вы *были*. И, наконец, вы увидите, что тот, Кто Вы Есть, — это ваша душа.

И в то же время Иллюзия Необходимого Условия, представление о том, что существуют вещи, которые вы *должны* делать, может служить хорошей мотивацией для вашего ума, когда вы находитесь в своем теле. Она полезна до тех пор, пока вы на некотором уровне понимаете, что это иллюзия и что *никто не должен делать то, чего он не хочет делать*.

Большинству людей эта истина представляется несущей невероятную свободу, и одновременно она их очень пугает. Они боятся, что, если человеческим существам действительно позволить делать только то, что они хотят, никогда не будет сделано то, что действительно нужно сделать.

Кто будет выносить мусор?

Совершенно серьезно.

Кто будет делать то, чего никто не хочет делать?

Вот в чем вопрос, вот откуда страх. Люди считают, что, если их предоставить самим себе, они не будут делать то, что необходимо для поддержания жизни.

Но это беспочвенный страх. Люди, как оказывается, удивительные существа. И в обществе, где не существует правил, норм и требований, нашлось бы много тех, кто делал бы то, что нужно делать. По существу, было бы очень мало тех, кто этого не делал бы, потому что они чувствовали бы себя слишком неуютно, сознавая, что ничего не вносят в жизнь общества.

Но что изменилось бы, если бы не было правил, норм и требований? Изменилось бы не то, что человек делает, а то, *почему* он это делает.

Изменилась бы «причина» делания.

Вместо того чтобы делать что-то потому, что им приказывают это делать, люди выполняли бы какую-то работу потому, что они *выбрали* это в качестве выражения того, Кто Они Есть.

Это, по существу, единственная настоящая причина делать что бы то ни было. Но такое представление переворачивает всю парадигму делания-существования. Люди построили свою парадигму, исходя из того, что человек делает что-то, и в результате он есть что-то. Согласно новой парадигме, человек есть что-то, и в результате он делает что-то.

Человек *счастлив*, и в результате он делает то, что делает счастливый человек. Человек *ответствен*, и в результате он делает то, что делает ответственный человек. Человек *добр*, и в результате он делает то, что делает добрый человек.

Человек не делает ответственные вещи для того, чтобы стать ответственным человеком. Человек не делает добро, чтобы стать добрым. Это только рождает возмущение («После всего, что я сделал!»), потому что предполагается, что за все сделанное должно последовать вознаграждение.

И вы полагаете, что именно это является назначением царства небесного.

Царство небесное предлагается в качестве вечной награды за все то, что вы сделали на Земле, — и за то, что не делали того, что «вам не полагалось делать». Поэтому вы решили, что должно быть также место для тех, кто не делал ничего хорошего или делал то, что не должен был делать. Это место вы назвали адом.

Ныне Я пришел, чтобы сказать вам:

Не существует такого места, как ад.

Ад — состояние бытия. Это переживание отделенности от Бога, представление, что вы отделены от самого себя и не можете воссоединиться. Ад — это постоянные попытки найти свое я.

То, что вы называете царством небесным, тоже состояние бытия. Это ощущение Единства, экстаз воссоединения со Всем, Что Существует. Это знание подлинного Я.

Для того чтобы оказаться в царстве небесном, не существует никаких требований. Ведь царство небесное — это не место, куда вы *попадаете*, это место, *в* котором вы находитесь, *всегда*. Но вы можете находиться в царстве небесном (быть Одним со Всем), не зная этого. По существу, это относится к большинству из вас.

Это можно изменить, но не с помощью того, что вы *делаете*. Это можно изменить только с помощью того, чем вы *являетесь*.

Вот что значит «Не существует ничего, что вы должны делать». Не существует ничего, что нужно делать, нужно *быть*.

И не нужно быть ничем, кроме Одного.

Удивительно то, что, когда вы — Одно со всем, вам становится легко и просто делать *все, что, как вы думаете, вы «должны делать»* для того, чтобы получить награду, для получения которой, по вашему мнению, вы должны так много работать. Вашим естественным желанием становится делать другим и для других только то, что вы хотели бы сделать себе и для себя. И вы не хотите делать другим того, что не хотите делать для себя. Когда вы становитесь Одним, вы реализуете — т. е. для вас *становится реальностью — представление о том, что «других» не существует.*

И даже становиться Одним не «требуется». От вас не могут требовать быть тем, чем вы уже являетесь. Если у вас голубые глаза, никто не может заставлять вас иметь голубые глаза. Если ваш рост шесть футов, никто не может заставлять вас иметь рост шесть футов. И если вы Одно со всем, никто не может *требовать* от вас *быть* Одним.

Поэтому такой вещи, как Необходимое Условие, не существует.

Необходимого Условия не существует.

Кто должен был бы выполнять это Необходимое Условие? И от кого может требоваться его выполнение? *Существует только Бог.*

Я Есть, Что Я Есть, и не существует ничего другого, что было бы еще.

Используйте Иллюзию Необходимого Условия, чтобы увидеть, что не может быть ничего, что по-настоящему необходимо. Вы не можете узнать и испытать свободу от Необходимого Условия, если у вас нет ничего, *кроме* свободы от Необходимого Условия. Поэтому вы должны были вообразить, что существуют определенные вещи, которые от вас требуются.

Это вы сделали очень хорошо. Вы создали Бога, требующего от вас совершенства, Бога, который требует, чтобы вы пришли к нему только определенным путем, используя определенные ритуалы, каждый из которых тщательно предписан. Вы обязаны говорить точные и безупречные слова, делать точные и безупречные вещи. Вы обязаны жить определенным образом.

Создав иллюзию о том, что подобные требования существуют для того, чтобы заслужить Мою любовь, теперь вы начинаете испытывать неописуемую радость, узнав, что все это не нужно.

Вы поймете это, наблюдая, что «награды» часто достаются людям на Земле независимо от того, «делают они то, что нужно» или нет. То же относится к выдуманным вами наградам, которые вы можете получить после смерти. Но ваш посмертный опыт — это не награда, это результат. Это естественный результат естественного процесса, называемого Жизнь.

Когда вам станет это ясно, вы, наконец, поймете, что такое свободная воля.

В этот момент вы будете знать, что ваша истинная природа — свобода. Вы больше никогда не будете путать любовь с Необходимым Условием, потому что любовь не ставит никаких условий.

Всегда помните об этом.

Любовь не ставит никаких условий.

***

Шестую Иллюзию, *Иллюзию Суда*, можно использовать для того, чтобы испытать чудо неосуждающего «я» и неосуждающего Бога.

Вы решили создать опыт суда, чтобы испытать чудо неосуждающего Бога и чтобы понять, что в мире Бога суд совершенно невозможен. Только испытав печаль и разрушительность суда над собой, вы можете по-настоящему узнать, что это не то, что может устроить любовь.

Глубже всего вы это понимаете, когда вас судят другие люди, ибо ничто не ранит так, как суд.

Суд ранит глубоко, когда те, кто судит вас, не правы, — но он ранит еще глубже, когда они правы. Именно тогда суд других людей задевает вас за живое, терзая душу. Достаточно это пережить один раз, чтобы знать, что суд никогда не бывает продуктом любви.

Создавая свой иллюзорный мир, вы создаете общества, в которых суд не только приемлем, но и ожидаем. Вокруг представления о том, что кто-то другой может судить, «виновны» вы или «невиновны», вы даже создали целую систему и назвали ее «правосудием».

Я говорю вам:

В глазах Бога никто никогда не бывает виноватым, каждый всегда невиновен.

Это объясняется тем, что Мои глаза видят больше ваших. Мои глаза видят, почему вы что-либо думаете, почему вы что-либо говорите и почему вы что-либо делаете. Мое сердце знает, что вы просто неправильно что-то понимаете.

Я вдохновил тебя записать слова:

«Никто не делает ничего неуместного, если учесть его модель мира».

Это великая истина.

Я вдохновил тебя записать слова:

«Единственные враги человека — чувство вины и страх».

Это великая истина.

В высокоразвитых обществах никогда никого не судят и ни в чем не обвиняют. Если нужно что-то сделать, за ними просто наблюдают, и тогда становится ясен результат их действий, их влияние. После этого им позволяют решать, что они хотят, если они вообще что-нибудь хотят сделать, с учетом всего этого. Другим точно так же позволяют решать, что они хотят, если они вообще что-нибудь хотят сделать для себя, с учетом всего этого. Члены такого общества никогда не осуждают других. Идея наказания им просто не приходит в голову, потому что сама концепция наказания им непонятна. Почему бы Одно Существо могло захотеть нанести вред себе? Даже если Оно сделало что-то такое, что принесло вред, зачем ему наносить себе вред опять? Разве можно, нанеся себе вред еще раз, исправить ущерб, нанесенный в первый раз? Это все равно что ударить палец, а потом дважды ударить по нему, чтобы отомстить.

Конечно, в обществе, которое не видит себя как единое целое, не видит себя как одно с Богом, подобная аналогия лишена смысла. В таком обществе большой смысл имеет суд, суждение.

Суждение — это не то же самое, что наблюдение. Наблюдать — это значит просто смотреть, просто видеть, что и как. С другой стороны, судить — значит приходить к выводу, что в связи с тем, что вы наблюдаете, должно существовать что-то *еще*.

Наблюдение — это свидетельствование. Суждение — это построение заключений. Это добавление к предложению слова «следовательно». Фактически, оно *становится* приговором — часто объявляемым без всякого проявления милосердия.

Суд иссушает душу, потому что он накладывает на дух иллюзию того, кто вы есть, игнорируя более глубокую реальность.

Я никогда не буду судить вас, никогда. Даже если вы делаете определенные вещи, Я просто смотрю, что вы делаете. Я не делаю никаких выводов о том, Кто Вы Есть. Фактически, невозможно делать выводы о том, Кто Вы Есть, ведь свое сотворение себя самого вы никогда не завершаете. Вы — выполняемая работа. Вы не закончили создавать себя — *и вы никогда этого не закончите.*

Вы никогда не бываете тем, кем были в предыдущий момент. И я никогда не вижу вас такими, а скорее — теми, кем вы *сейчас* выбираете быть.

Я вдохновил других описать это таким образом:

Вы постоянно создаете себя из поля бесконечных потенциальных возможностей. Вы постоянно вос-создаете свое «я» заново в следующей грандиознейшей версии самого прекрасного из всех своих представлений о том, Кто Вы Есть. В каждый момент вы рождаетесь заново. И то же делает любой другой.

В тот момент, когда вы это поймете, вы увидите, что судить себя или судить другого бессмысленно. Ведь то, что вы пытаетесь судить, *прекращает быть*, даже тогда, когда вы это судите. Оно делает свой вывод в то же самое время, когда вы делаете свой.

В этот момент вы навсегда откажетесь от своего представления о Боге-судье, потому что будете знать, что любовь никогда не судит. Когда возрастет ваше осознание, вы полностью поймете, что значит та истина, что само-сотворение никогда не заканчивается.

Всегда помните об этом.

Само-сотворение никогда не заканчивается.

***

Седьмую Иллюзию, *Иллюзию Осуждения*, можно использовать для осознания того, что вы не заслуживаете ничего, кроме похвалы. Это нечто такое, что вы не в состоянии постичь, потому что вы слишком поглощены Иллюзией Осуждения. Но если бы вы каждый момент своей жизни проводили среди похвал, вы никак не могли бы ощутить этого. Похвала ничего бы для вас не значила. Вы не знали бы, что это такое.

Радость похвалы теряется, когда единственное, что существует, — это похвала. Но вы довели все до крайности, подняв иллюзию несовершенства и Осуждения на новый уровень, так что теперь вы действительно убеждены в том, что похвала, восхваление — это плохо, особенно самовосхваление. Вы не хвалите себя или не замечаете (а еще меньше объявляете об этом) блаженства быть тем, Кто Вы Есть. И вы должны быть сдержанны в своих похвалах другим. Хвалить — пришли вы к выводу — нехорошо.

Иллюзия Осуждения — это также заявление о том, что и вам, и Богу, может быть причинен вред. Справедливо, конечно, прямо противоположное, но вы не можете ни узнать, ни испытать это при отсутствии какой бы то ни было другой реальности. Итак, вы создали альтернативную реальность, где возможно причинение вреда, и доказательством тому служит Осуждение.

Я повторяю, что представление о том, что вам, или Богу, может быть причинен вред, — иллюзия. Если Бог есть Все Во Всем (и Я есть это), если Бог Всемогущ (и Я таковым являюсь) и если Бог — Верховное Существо (а это правда), значит, Бога нельзя обидеть или причинить Ему вред. Но если вы созданы по образу и подобию Бога (а это так), значит, вас тоже нельзя обидеть или причинить вам вред.

Осуждение — это инструмент, созданный вами для того, чтобы помочь себе испытать это чудо, обеспечив контекст, в рамках которого эта истина могла бы иметь смысл. «Вред» — одна из множества иллюзий меньшего масштаба, которые каждый день порождают Десять Иллюзий. Эту иллюзию создает Первая Иллюзия (будто бы вы и Бог в чем-то нуждаетесь) — то есть если вы не получите то, в чем вы нуждаетесь, вы будете обижены, пострадаете, вам будет причинен вред.

Это служит прекрасным доводом в пользу *возмездия*. И это уже не маленькая, а очень большая иллюзия.

Ничто не захватывает человеческое воображение больше, чем представление о существовании ада, что во Вселенной существует место, на пребывание в котором Бог обрекает тех, кто не следовал Его законам.

На стенах и потолках церквей всего мира существуют фрески с изображением жутких, ужасающих картин. Не менее страшные картины украшают страницы катехизиса и брошюр для воскресных школ, предлагаемых маленьким детям — стараясь напугать их как можно больше.

И хотя добропорядочные, богобоязненные люди столетиями верили тому посланию, которое несли эти образы, оказывается, это послание лживое. Вот почему Я вдохновил Папу Иоанна Павла II заявить на Папской Аудиенции в Ватикане (28 июля 1999 года), что «неуместное использование библейских картин не должно вызывать психоза или беспокойства». Библейские описания ада символичны и метафоричны.

Я вдохновил Папу сказать, что образы «неугасимого пламени» и «пылающих печей» Библия использует для того, чтобы «показать то полное разочарование и пустоту, к которым ведет жизнь без Бога». Ад — это состояние отделенности от Бога, объяснил он, состояние, вызванное не Божьей карой, но *«самоиндуцированное»*.

В функции Бога не входит назначать возмездие или наказывать кого бы то ни было, и Папа разъяснил это во время своей Аудиенции.

И все же представление об осуждающем Боге было очень полезной иллюзией. Оно создало контекст, в рамках которого вы могли испытать все, что угодно, все аспекты бытия.

Например, страх. Или умение прощать. А также сострадание и милосердие.

Осужденный человек на самом глубоком уровне понимает, что такое милосердие. Ибо человек может быть осужден — или помилован.

Прощение — еще один нюанс выражения любви, который помогает вам испытать эта Иллюзия. Прощение можно испытать только в молодых, примитивных культурах (развитые культуры в нем не нуждаются, так как там, где не может быть причинен вред, нет необходимости ни в каком прощении), но в контексте эволюции — процесса, с помощью которого культура развивается и достигает зрелости, значение его огромно.

Прощение позволяет вам фактически излечивать любые психологические, эмоциональные, духовные, а иногда и физические раны, нанесенные вам вашим воображением. Прощение — великий целитель. Прощая, вы прокладываете себе путь к здоровью. Прощая, вы прокладываете себе путь к счастью.

В этом смысле вы используете Иллюзию Осуждения очень творчески, создавая множество моментов в своей жизни и в человеческой истории, позволяющих выразить ваше умение прощать. Вы испытываете это как аспект божественной любви — что приближает вас все ближе и ближе к правде как любви, так и самой Божественности.

Одна из самых известных легенд о прощении — это рассказ о том, как Иисус простил человека, распятого рядом с Ним, продемонстрировав вечную истину, что *тот, кто ищет Бога, не может быть осужден.* Это означает, что никто никогда не может быть осужден, ведь каждый человек в конечном счете ищет Бога, называет он это так или нет.

Ад — это переживание отделенности от Бога. И тем не менее те, кто не хотят испытать вечную отделенность, *не испытают ее.* Только желание воссоединиться с Богом рождает это переживание.

Это необычное утверждение, и Я собираюсь повторить его.

Только желание воссоединиться с Богом рождает это переживание.

Прощение не является необходимостью, потому что само Божественное не может совершить никакого настоящего преступления, как и невозможно совершить его против Него, если учесть, что само Божественное — это Все, Что Есть. Это то, что понимают продвинутые культуры. Кто кого должен прощать? И за что?

Может ли рука прощать палец за то, что он получил ушиб? Может ли глаз прощать ухо?

Рука может утешить ушибленный палец, это правда. Она может растирать его и лечить, и уменьшить его боль. Но разве она должна *прощать* палец? Или, может быть, на языке души *прощение* — это синоним *утешения*?

Я вдохновил тебя написать слова:

Любить означает отсутствие необходимости говорить, что вы сожалеете.

Когда ваша культура тоже поймет это, вы никогда больше не будете осуждать себя или других в тех случаях, когда душа «ушибла палец». Вы никогда больше не будете прибегать к мстительному, злому, проклинающему Богу, обрекающему вас на вечные муки за то, что, по представлениям Бога, значит не больше, чем ушибленный палец.

С этого момента вы навсегда откажетесь от своего представления об осуждающем Боге, ибо вы будете знать, что любовь никогда не может осуждать. Вы больше не будете осуждать никого и ни за что, следуя моему предписанию:

Не судите, да не судимы будете.

Всегда помните об этом.

Не судите, да не судимы будете.

***

Восьмую Иллюзию, *Иллюзию Обусловленности*, можно использовать для того, чтобы испытать тот аспект своего «я», который существует без всяких условий — и который, по этой самой причине, может любить без всяких условий.

Вы — не ограниченные никакими условиями существа, но вы не можете знать этого, ибо не существует условий, в которых вы не были бы ограничены какими-нибудь условиями. Следовательно, у вас нет условий.

У вас нет условий в буквальном смысле. У вас нет условий делать что бы то ни было. Вы можете только быть. Но чистое бытие не удовлетворяет вас. По этой причине вы создали

Иллюзию Обусловленности. Это представление о том, что существование одной вашей части — части Жизни, части Бога — зависит от другой.

Это результат, или расширение вашей Иллюзии Отделенности, которая, в свою очередь, отпочковалась от вашей Иллюзии Потребности — Первой Иллюзии. На самом деле существует только Одна Иллюзия, а все остальные, как я уже повторял много раз, только расширение этой.

Именно исходя из Иллюзии Обусловленности было создано то, что вы называете относительностью. Например, горячее и холодное — это в действительности не противоположности, а *одно и то же в разных условиях*.

Все — одно и то же. Существует только одна энергия, и это та энергия, которую вы называете Жизнь. С равным успехом вместо нее можно подставить слово «Бог». Именно индивидуальные, конкретные колебания этой энергии вы называете условиями. При определенных условиях определенные вещи являются и представляются тем, что вы называете истиной.

Например, верх есть низ, и низ есть верх — при определенных условиях. Ваши астронавты узнали, что в космическом пространстве понятия «сверху» и «снизу» исчезают. *Истина* изменилась, потому что изменились условия.

Изменение условий приводит к изменению истины.

Истина — не что иное, как слово, означающее «то, что именно так обстоит сейчас». Но то, что обстоит именно так, всегда изменяется. Следовательно, истина всегда изменяется.

Ваш мир постоянно показывает вам это. Ваша жизнь показывает вам это.

Процесс Жизни, по существу, есть изменение.

Бог есть Жизнь. Следовательно, Бог есть Изменение.

Одним словом, Бог есть Изменение.

Бог — это процесс. Не существо, а процесс.

И этот процесс называется «Изменение».

Некоторые из вас могут предпочесть слово «эволюция».

Бог — это энергия, которая развивается... или, *То, Что Становится.*

То, Что Становится, не нуждается ни в каких особых условиях. Жизнь становится просто тем, чем она становится, и для того, чтобы ее определить, описать, измерить, выразить в количественной форме и попытаться контролировать, вы приписали ей некоторые условия.

Но у Жизни нет никаких условий. Она просто есть. Жизнь есть то, что она есть.

Я ЕСТЬ ТО, ЧТО Я ЕСТЬ.

Теперь вы наконец можете полностью понять это загадочное древнее выражение.

Когда вы будете знать, что условия могут появиться для того, чтобы вы испытали *отсутствие обусловленности* (то есть чтобы вы узнали Бога), вы будете благословлять условия своей жизни и каждое условие, которое вам когда-либо придется испытать. Эти условия позволяют вам испытать, что вы больше любого из них. Больше всех их, вместе взятых. Ваша жизнь показывает вам это.

Задумайтесь об этом на минуту, и вы увидите, что это правда. Представьте условия, в которых, как вы обнаружили, вы оказались, условия, существование которых вы вообразили. Подниметесь ли вы когда-нибудь над этими условиями, чтобы узнать, что вы их преодолели? На самом деле вы их вообще не преодолеваете. Вы никогда не *были* в них. Вы просто отбросите представление о том, что эти условия, в которых вы себя обнаружили, — это *вы*. Вы увидите, что вы больше их, что вы не то же самое, что они.

«Я — это не мои условия, — можете сказать вы. — Я — это не стоящее передо мной препятствие, я — это не моя работа, я — это не мое богатство, или его отсутствие, я не являюсь всем этим. *Это не "Кто Я Есть"*».

Те, кто могут сделать подобное заявление, создают в своей жизни замечательные переживания, замечательный результат. Они используют Иллюзию Обусловленности для вос-создания себя заново, в следующей грандиознейшей версии самого прекрасного из всех своих представлений о том, Кто Они Есть.

Именно этим объясняется то, что есть люди, которые благословляют те самые условия жизни, которые другие проклинают. Ведь они принимают эти условия как замечательный подарок, позволяющий им видеть и провозглашать правду своего существования.

Благословляя условия своей жизни, вы изменяете их. Потому что вы называете их иначе — не тем, чем они представлялись, даже если вы называете себя не тем, кем вы себе представлялись.

Именно с этого момента вы начинаете сознательно *создавать*, а не только замечать условия и обстоятельства своей жизни, потому что вы теперь знаете, что вы всегда были и всегда будете тем, кто воспринимает и устанавливает любое условие. То, что кто-то воспринимает как бедность, вы можете воспринимать как изобилие. То, что кто-то считает поражением, вы можете считать победой (как в том случае, когда вы решаете, что каждая неудача — это успех).

Таким образом, вы испытываете свое я как творца любых условий — как того, кто их «воображает», как свою волю (но *только* как свою волю), ибо истинной Обусловленности не существует.

С этого момента вы перестаете винить других людей, место или вещи в том, что происходит в вашей жизни, потому что ваша жизнь — это ваше восприятие. И все ваше восприятие — *прошлого, настоящего и будущего* — меняется. Вы знаете, что никогда по-настоящему вы не становились жертвой, а то, что вы знаете, вы усиливаете. В конечном счете вы поймете, что жертв не существует.

Всегда помните об этом.

Жертв не существует.

***

Девятую Иллюзию, *Иллюзию Превосходства*, можно использовать для того, чтобы испытать, что ни одна вещь не превосходит никакую другую и что неполноценность — это выдумка. Все вещи равны. Но вы не знали бы, что все вещи равны, если бы существовало только равенство.

Когда все равно, не равно ничто — ведь само понятие «равенство» — это нечто такое, что невозможно испытать, пока существует только одна вещь *и она равна самой себе.*

Ничто не может быть «не равно» самому себе. Если вы берете что-то и делите его на части, то части равны целому. Они не становятся меньше целого только из-за того, что находятся врозь.

И в то же время *иллюзия* неравенства позволяет каждой части выделить себя как *часть того, что есть*, вместо того чтобы видеть себя как целое. Вы не можете увидеть себя как часть, пока не увидите себя порознь. Вы понимаете? Вы не можете понять себя как часть Бога, пока не вообразите, что вы отделены *от* Бога.

Или представим это иначе: вы не можете увидеть Меня, пока не отойдете в сторону и не посмотрите на Меня. Но вы не можете отойти в сторону и смотреть на Меня, если вы думаете, что вы *есть* Я. Поэтому вы должны представить, что вы — это не Я, чтобы испытать Меня.

Вы равны Богу, и это равенство с Богом — то, что вы страстно стремитесь испытать. Вы не стоите ниже Бога, как и ниже чего бы то ни было еще, но вы не можете узнать или испытать отсутствие более низкого положения в том контексте, где нет ничего, что стояло бы выше. Поэтому вы создали Иллюзию Превосходства, чтобы знать, что вы равны всему остальному — и это значит, что вы не выше ничего другого.

Свое единство с Богом невозможно испытать вне контекста, где отсутствие единства, или Божественности, возможно. Вы должны находиться *в* этом контексте, или в том, что мы называем *иллюзией*, чтобы узнать истину, которая существует за пределами иллюзии. Вы должны быть «в этом мире, но не от мира сего».

Подобным образом, ваше равенство с Богом, как и со всем и со всеми в жизни, не «воспринимается», пока вы не поймете *не*равенства.

Именно по этой причине вы создали Иллюзию Превосходства.

Представление о Превосходстве дает еще одно преимущество. Представляя себя выше условий и обстоятельств своей жизни, вы позволяете себе испытать тот аспект своего существа, который больше этих условий и обстоятельств, — то, о чем мы говорили раньше.

Существует замечательная ваша часть, которую вы можете призвать, столкнувшись с негативными условиями и обстоятельствами. Некоторые из вас называют это мужеством. Следовательно, Иллюзия Превосходства оказывается очень полезной, когда вы живете в рамках более значительной иллюзии, называемой Жизнью В Физическом Царстве, потому что она дает вам силу подняться над негативными обстоятельствами и преодолеть их.

Когда вы увидите эту Иллюзию *как* иллюзию, вы поймете, что никакая ваша часть не выше Всего Этого, потому что каждая ваша часть есть Все Это. Тогда вы не будете *призывать* свое мужество, вы будете знать, что вы *есть* мужество. Вы не будете *призывать* Бога, вы будете знать, что вы и *есть* тот аспект Бога, который вы призываете.

Вы — зовущий и призываемое. Изменяющий и изменяющееся. Начало и конец. Альфа и омега.

Вот кто вы есть, потому что это то, что Я Есть. А вы созданы по образу и подобию Моему.

Вы *есть* Я. Я *есть* вы. Я двигаюсь в вас, как вы и с вашей помощью. В вас Мое бытие.

В каждом и во всем.

Поэтому никто из вас не стоит выше другого. Этого быть не может. Но вы создали Иллюзию Превосходства, чтобы получить возможность узнать свою силу — и, в расширительном смысле, силу каждого; свое единство и равенство с Богом и со всеми остальными; и единство и равенство каждого с Богом и со всеми остальными.

Однако необходимо сказать вам, что, если вы хотите избежать человеческой боли и страданий, для вас эта Иллюзия Превосходства — очень опасная иллюзия.

Я уже говорил вам, что боли и страданий можно избежать, когда вы испытываете свое Единство со всеми остальными и с Богом. Именно Иллюзия Превосходства отрицает это единство и создает еще большую отделенность.

Превосходство — самое соблазнительное представление из всех, которые приходится испытывать людям. Оно может казаться таким хорошим — когда вы один из тех, кто вообразил себя выше других. Но оно может ощущаться таким плохим — когда другие заявляют о своем превосходстве над вами.

Поэтому будьте осторожны с этой иллюзией, поскольку это очень могущественная иллюзия. Ее необходимо понять глубоко и полностью. Как я уже показал, в мире, где все относительно, превосходство может оказаться прекрасным подарком. Я могу, по существу, дать вам силу и мужество видеть и ощущать себя выше ваших обстоятельств, значительнее своих угнетателей, больше, чем вы сами себя считаете. Но это ощущение не должно становиться предательским.

Даже религии, созданные человеком, — институт, который должен был приблизить вас к Богу, — слишком часто в качестве своего инструмента используют Превосходство. «Наша религия стоит выше других религий», — утверждают многие из них, больше способствуя этим разделению человеческих существ на пути к Богу, чем их объединению.

Государства и народы, расы и роды, политические партии и экономические системы — все пытаются использовать свое предполагаемое Превосходство, чтобы привлечь внимание, уважение, согласие, приверженность, силу или просто новых членов. Для всего этого они используют не что иное, как инструмент превосходства.

Но большая часть человечества, похоже, слепа или охвачена странным молчанием. Невозможно увидеть, что собственное поведение, опирающееся на превосходство, на самом деле всякий раз приводит к неполноценности. И даже видя это, люди просто отказываются это признавать. Это приводит к тому, что заявления о своем Превосходстве как об оправдании своих действий и возникающих в результате этих действий страданий тех, кто якобы стоит ниже, продолжаются и продолжаются.

Существует способ разорвать этот круг.

Увидьте Иллюзию *как* иллюзию. Поймите и узнайте наконец, что Все Мы Одно. Человечество и вся Жизнь — это единое поле. Это все Одно. Поэтому не существует ничего, что может быть выше *чего-то*, и нет ничего, выше чего можно быть.

Это важнейшая истина, которой учит жизнь. Разве тюльпан выше розы? Разве горы прекраснее моря? Какая из снежинок самая великолепная? Возможно ли, чтобы все они были великолепными — и чтобы, вместе празднуя свое великолепие, они создавали приводящее в трепет зрелище? Потом они тают, сливаясь друг с другом и образуя Единство. Но они никогда не уходят. Они никогда не исчезают. Они никогда не перестают быть. Просто они *изменяют форму.* И не один раз, а множество: переходят из твердого состояния в жидкое, из жидкого в пар, *из видимого в невидимое*, чтобы подняться опять и потом опять вернуться в виде новых снежинок поразительной красоты. Это и есть *Жизнь, питающая Жизнь.*

Это и есть вы.

Совершенная метафора.

Реальная метафора.

Это станет реальностью вашего опыта, когда вы просто решите, что это правда, и начнете поступать таким образом. Увидьте удивительную красоту всех этих жизней, с которыми вы соприкасаетесь. Потому что каждый из вас действительно чудесен, и при этом никто не чудеснее любого другого. И вы в один прекрасный день сольетесь в Единстве и тогда узнаете, что вместе вы образуете единый поток.

Это знание полностью изменит вашу жизнь на Земле. Оно приведет к изменению вашей политики, вашей экономики, ваших общественных связей, способа обучения детей. Оно, наконец, подарит вам царство небесное на Земле.

Когда вы увидите, что Превосходство — это иллюзия, вы будете знать, что неполноценность — тоже иллюзия. Тогда вы почувствуете чудо и силу *равенства* — друг с другом и с Богом. Ваше представление о себе станет шире, и вы поймете причину существования Иллюзии Превосходства. Ведь чем шире будет ваше представление о себе, тем шире будет ваш опыт.

Всегда помните об этом.

Чем шире ваше представление о себе, тем шире ваш опыт.

***

Десятая Иллюзия, *Иллюзия Неведения*, рождает представление о том, будто вы не знаете ничего этого, будто все, что только что было сказано, для вас новость и будто вы не можете этого понять.

Эта иллюзия позволяет вам продолжать жить в Царстве Относительности. Но вы не должны продолжать жить так, как живете, среди боли и страданий, причиняя вред себе и друг другу, ожидая, ожидая, ожидая прихода лучших времен — или вечного вознаграждения на Небесах. Вы *можете* иметь свои Небеса на Земле. Вы *можете* жить в своем райском саду. Вас никогда оттуда не изгоняли. Я никогда бы не сделал этого с вами.

Вы знаете это. В глубине души вы уже знаете это.

Точно так же как вы знаете о Единстве рода людского и всей жизни.

Точно так же как вы знаете, что все равны и что любовь не ставит никаких условий.

Вы знаете все это и многое другое, но вы держите все эти знания глубоко внутри.

Неведение — это иллюзия. Вы мудро используете Иллюзию, когда видите в ней иллюзию — когда вы знаете, что то, что вы не знаете, *это неправда*. Вы *знаете... и вы знаете, что вы знаете.*

Именно это говорят все Мастера.

Они знают, что они знают, и они используют свои знания, чтобы жить *с* иллюзорным миром, а не *в* иллюзорном мире, в который они поместили себя. Поэтому в вашем мире они кажутся вам волшебниками, с легкостью создающими и использующими весь иллюзион Жизни.

«Незнание» — замечательная иллюзия, и очень полезная. Она позволяет вам опять узнать, опять выучить, еще раз вспомнить. Она позволяет вам еще раз испытать цикл.

Стать снежинкой.

Именно иллюзия того, что вы не знаете, позволяет вам узнать, что вы знаете. Если вы знаете все и знаете, что вы знаете это, вы не можете узнать ничего.

Всмотритесь поглубже в эту истину — и вы поймете ее.

Позвольте себе иллюзию, что вы чего-то не знаете. Что вы *ничего* не знаете. В этот момент вы ощутите то, с чем вы *не* незнакомы, — и то, что вы это знаете, вдруг станет очевидным для вас.

Это чудо смирения. В этом сила высказывания: «Существует что-то, чего я не знаю, знание чего может все изменить». Одна эта мысль может исцелить мир.

Призыв к смирению — это призыв к триумфу.

Даже если пользоваться представлениями вашей теологии, лучшего инструмента для продвижения вперед придумать нельзя. Мною были внушены слова о том, что немного «теологии смирения» — это все, что миру нужно. Немного меньше уверенности в том, что вы все знаете, и немного больше готовности продолжить поиск, признать, что может существовать что-то, чего вы *не* знаете — знание чего может изменить все.

Я говорю снова, незнание ведет к знанию. Знание всего ведет к незнанию ничего.

Вот почему Иллюзия Неведения так важна.

Это же можно сказать обо всех Иллюзиях. Они — ключ к испытанию того, Кто Вы Есть в Действительности. Они открывают дверь из Царства Относительности в Царство Абсолюта. Дверь ко всему.

Но, как и в случае всех Десяти Иллюзий, когда Иллюзия Неведения выходит из-под контроля, когда она становится всем вашим опытом, вашей постоянно существующей реальностью, она перестает вам служить. Вы превращаетесь в фокусника, забывшего собственные трюки. Вы становитесь человеком, обманутым собственной иллюзией. Тогда вас вынужден «спасать» кто-то другой, кто видит сквозь иллюзии, кто разбудит вас и напомнит вам, Кто Вы Есть в Действительности.

Эта душа в самом деле будет вашим спасителем, точно так же как вы можете стать спасителем для других, просто напомнив им, Кто Они Действительно Есть, вернув их себе самим. «Спаситель» — просто другое название «напоминающего». Это тот, кто напоминает вам, заставляя вас обретать новый ум и опять осознавать себя как часть Тела Бога.

Делайте это для других. Ведь вы — сегодняшние спасители. Вы — мои Возлюбленные, которыми я наслаждаюсь. Вы те, кого я послал, чтобы привести других домой.

Поэтому выйдите за пределы иллюзии, но не уходите от нее.

Живите с ней, но не в ней.

Сделайте это, и вы будете в этом мире, но не будете принадлежать ему. Вы будете знать собственное волшебство, а то, что вы знаете, вы увеличиваете. Еще большим станет ваше представление о собственном волшебстве, пока в один прекрасный день вы не поймете, что вы и *есть* волшебники.

Всегда помните об этом.

Вы — волшебники.

***

Когда вы используете Иллюзию Неведения, больше не живете в ней, а просто ее используете, вы замечаете и признаете, что существует еще много такого, чего вы не знаете (не помните), но именно это смирение поднимает вас над покорными, заставляя больше понимать, больше помнить, больше осознавать. Теперь вы принадлежите к *знатокам* — тем, кто знает.

Вы помните, что вы просто используете иллюзии для создания локализованного контекстуального поля, в рамках которого вы можете испытать, а не только концептуализировать любой из мириад аспектов того, Кто Вы Есть. Вы начинаете использовать это контекстуальное поле сознательно, как художник использует кисть, создавая прекрасные картины, и вызывать к жизни мощные и удивительные мгновения — мгновения благодати, — когда вы можете узнать себя на опыте.

Если вы, например, хотите испытать себя как прощение, вы можете использовать Иллюзии Суда, Осуждения и Превосходства. Проецируя их перед собой, вы будете совершенно неожиданно находить (создавать) в своей жизни людей, которые предоставят вам возможность проявить способность прощать. Чтобы усилить переживание, можно даже добавить Иллюзию Неудачи, проецируя ее на себя. Наконец, можно использовать Иллюзию Неведения, чтобы притвориться, будто вы не знаете о том, что все это делаете вы.

Если вы хотите испытать себя как сострадание или как великодушие, можно использовать Иллюзии Потребности и Нехватки, чтобы создать контекстуальное поле, в рамках которого можно выразить эти аспекты Божественного в себе. После этого может случиться, что, идя по улице, вы увидите нищих. Странно, подумаете вы, я никогда раньше не встречал на этом углу нищих...

Вы чувствуете сострадание к ним, оно проникает в ваше сердце. Вы испытываете порыв великодушия, опускаете руку в карман и достаете деньги.

А может быть, вам позвонит кто-то из родственников и попросит о финансовой помощи. Вы могли бы выбрать любой из многочисленных аспектов своего существа, который вам хочется почувствовать в этот момент. Но в данном случае вы выбираете доброту, заботу и любовь. Вы говорите: «Конечно, сколько тебе нужно?»

7 – 4869

Но будьте внимательны, потому что, если вы не будете внимательны, вы не поймете, каким образом нищий на улице или позвонившие вам родственники нашли путь, чтобы проникнуть в вашу жизнь. Вы забудете, что *сюда привлекли их вы*.

Если вы слишком глубоко погрузитесь в Иллюзию, вы забудете, что каждого человека, место и событие вы призываете в свою жизнь *для себя*. Вы забудете, что они здесь для того, чтобы создать совершенную ситуацию, совершенную возможность узнать себя конкретным образом.

Вы забудете Мой величайший урок: *Я не посылаю вам никого, кроме ангелов*.

Вы можете прогнать моих ангелов, как преступников в своей легенде. Если вы не будете внимательны, часто в моменты благодати, приходящие в вашу жизнь, которые не всегда вначале кажутся желанными, но всегда служат подарком для вас, вы будете видеть в себе жертву, вместо того чтобы видеть человека, получающего от этого пользу.

Или же у вас может появиться желание получить пользу другим путем, не тем, который вы выбрали вначале. Вы можете решить, например, что хотите испытать не только сострадание, но также силу и возможность контроля. Вы можете продолжать подавать тому же нищему, каждый день проходя в одно и то же время по той же улице, пока это не станет ритуалом для вас обоих. Вы можете продолжать давать деньги этому родственнику, посылая каждый месяц чек по почте, пока это не станет ритуалом для вас обоих.

Теперь они *зависят* от вас. Вы обладаете силой. Вы лишили *их* силы — в буквальном смысле, забрав у них силу воссоздавать свою жизнь, — чтобы услышать похвалу, испытать удовольствие и силу. Они вдруг утратили возможность функционировать без вас. И нищий, и родственник — те, кто годами существовал без вашей помощи, — теперь не могут функционировать без вас. Вы сделали их дисфункциональными и создали дисфункциональные отношения с ними.

Вместо того чтобы помочь им выбраться из ямы, опустив веревку и вытянув их за нее, вы бросили веревку в яму, а затем прыгнули в нее сами.

Когда вы что-нибудь делаете, внимательно следите за мотивацией. Не забывайте о своей программе. Постоянно контролируйте, какой аспект своего существа вы испытываете. Существует ли способ испытать его, не лишая силы другого человека? Существует ли способ вспомнить, Кто Ты Есть, не заставляя другого забыть, кто есть он?

***

Существует несколько способов использовать Десять Иллюзий и бесчисленное множество стоящих за ними более мелких иллюзий. Теперь вы видите, теперь вы знаете, теперь вы помните, как используются Иллюзии.

Помните о том, что говорилось раньше. Совсем не обязательно использовать Иллюзии в настоящий момент, чтобы создавать контекстуальное поле, в рамках которого можно испытать высшие аспекты своего «я». Высокоразвитые существа не только выходят за пределы Иллюзий, но и уходят от них. То есть они оставляют Иллюзии позади и, чтобы создать контекстуальное поле, используют только *память о них.*

Независимо от того, используете вы Иллюзии в форме памяти о них или в физической форме в данный момент, вы используете их каждый день. Но, если вы не делаете этого сознательно — если вы не знаете, что вы *создаете эти Ил-*

люзии, — вы можете вообразить, что на вас оказывает влияние ваша жизнь, вместо того, чтобы считать себя причиной создавшегося положения. Вы можете думать, что жизнь происходит *с* вами, вместо того, чтобы знать, что она идет *благодаря* вам.

Вот то, чего вы можете не знать и знание чего могло бы изменить всю вашу жизнь:

Все, что происходит в вашей жизни, вы создали сами.

Вы полностью это понимаете, когда выходите за пределы Иллюзий. Вы ощущаете это *в своем теле*, на клеточном уровне, когда вы испытываете единение с Богом.

Это то, к чему страстно стремится каждая душа. Это то, что является конечной целью всего в жизни. Вы совершаете путешествие к мастерству, возвращение к Единству, когда вы сможете узнать чудо и блаженство Бога в собственной душе и выражать его через себя *как* себя, тысячью способов в миллионы мгновений бесконечной жизни протяженностью в вечность.

16

Вос-создание своей Реальности

Когда вы совершаете путешествие к вечности, когда вы движетесь к мастерству, вы обнаруживаете, что вам в вашей жизни приходится сталкиваться с множеством обстоятельств, ситуаций и событий, многие из которых можно назвать нежелательными. Первое, что большинство людей делают в подобные моменты, и последнее, что должны делать вы, это пытаться *понять*, что это значит.

Некоторые думают, что все это происходит по какой-то причине, и пытаются разглядеть эту причину. Другие говорят, что некоторые вещи являются «знаком». Поэтому они пытаются понять, что этот знак им говорит.

Так или иначе, люди пытаются найти смысл в событиях и переживаниях своей жизни. Но дело в том, что никакого смысла нет вообще. Нет никакой внутренней правды, кроющейся в столкновениях и переживаниях вашей жизни.

Кто мог бы их там спрятать? И зачем?

Если бы они были там для того, чтобы вы их обнаружили, то не эффективнее ли было бы сделать их очевидными? *Если Бог что-то хочет сказать вам, то не легче ли было бы (не говоря уж о том, что просто — добрее) прямо сказать вам об этом, вместо того чтобы устраивать тайну, которую вы должны разгадать?*

Дело в том, что ничто не имеет смысла, *кроме того смысла, который вы этому придаете.*

Жизнь бессмысленна.

Многим это трудно принять, однако это Мой величайший дар. Делая жизнь бессмысленной, Я даю вам возможность решать, что значит все вокруг вас. Исходя из своих решений, вы определяете свои взаимоотношения со всем в жизни.

Это, по существу, и является тем *средством*, с помощью которого вы испытываете, Кем Вы Выбираете Быть.

Это акт создания самого себя, вос-создания себя заново в грандиознейшей версии самого прекрасного из всех своих представлений о том, Кто Вы Есть.

Поэтому, когда с вами происходят какие-то конкретные вещи, не спрашивайте себя, почему они происходят. *Выбирайте*, почему они происходят. *Решайте*, почему они происходят. Если вы не можете выбрать или решить намеренно, выдумайте. *Что бы то ни было, вы есть.* Вы создаете все причины для того, чтобы что-то происходило, или по которым что-то происходит именно так, как оно происходит. Но большую часть времени вы делаете это бессознательно. Теперь придумывайте свое намерение (и свою жизнь) сознательно!

Не ищите смысла жизни или смысла какого-то конкретного события, явления или обстоятельства.

Придайте этому смысл.

После этого заявляйте, выражайте и испытывайте, достигайте и становитесь тем, Кем Вы Выбрали Быть в зависимости от этого.

Если вы тонкий наблюдатель, вы заметите, что вы продолжаете опять и опять ставить себя в ту же ситуацию и привлекать в свою жизнь те же обстоятельства, пока не воссоздадите себя заново.

Это и есть путешествие к мастерству.

***

Мастер и ученик, совершающий путешествие к мастерству, *знают*, что все Иллюзии — это просто иллюзии, *решают*, почему они здесь, и затем сознательно *создают* то, что хотят испытать в себе с помощью этих Иллюзий.

Когда вы сталкиваетесь с любыми жизненными переживаниями, существует формула, процесс, используя который вы тоже можете идти к мастерству.

Просто скажите себе:

1. Ничто в моем мире не реально.

2. Все имеет тот смысл, который я этому придаю.

3. Я — тот, кем я себя называю, и мое переживание — такое, каким я его называю.

Так нужно работать с Иллюзиями Жизни. А сейчас мы рассмотрим еще несколько примеров «реальной жизни» и опять обратимся к некоторым предыдущим наблюдениям, так как, подчеркивая их лишний раз, мы добиваемся большей ясности.

***

Когда вы сталкиваетесь с Иллюзией Потребности, вам может казаться, что вы испытываете нечто очень реальное.

Потребность может предстать перед вами в одной из двух масок: вашей потребности или потребности другого человека.

Когда вам кажется, что это ваша Потребность, вы ощущаете ее значительно острее. Быстро может появиться страх, что зависит от природы Потребности, которую вы вообразили.

Если вы, например, вообразили, что вы нуждаетесь в кислороде, вас может сразу же охватить паника. Это логически следует из вашей веры в то, что ваша жизнь под угрозой. Возможно, только настоящий Мастер или тот, кто обладает околосмертным опытом и ясно понимает, что смерти не существует, может сохранить спокойствие при подобных обстоятельствах. Другие должны приучать себя к этому.

Но сделать это возможно.

Ирония заключается в том, что именно спокойствие — как раз то, что вам требуется. Только спокойствие благоприятствует мыслям и действиям, способным привести к мирному исходу.

Это хорошо понимают ныряльщики. Вот почему они научаются не впадать в панику, когда чувствуют, что у них кончается воздух или когда перекрыт кислород. Остальные люди тоже должны научиться избегать паники в тех условиях, которые многие назвали бы очень напряженными и пугающими.

Существуют и другие, менее экстремальные, но тоже несущие угрозу жизни ситуации, которые рождают страх. Например, известие о неизлечимой болезни. Или вооруженное ограбление. Однако есть люди, которые, как обнаруживается, могут встретиться лицом к лицу со смертельной болезнью или с возможностью насилия над их личностью и сохранять при этом удивительное хладнокровие. Как это у них получается? В чем дело?

Все дело в перспективе.

И именно об этом мы сейчас поговорим — о вашей перспективе.

Видение иллюзии смерти *как* иллюзии все меняет. Знание, что она не имеет никакого значения, кроме того, которое вы ей придаете, позволяет решать, что она значит. Понимание того, что вся жизнь — это процесс воссоздания, образует контекст, в котором вы можете испытать, Кто Вы Есть в Действительности по отношению к смерти.

Иисус сделал это и удивил весь мир.

Другие тоже это делают, проходя через смерть со спокойным изяществом, поражающим и вдохновляющим всех, кто находится рядом с ними.

Ниже уровня переживаний, связанных с угрозой жизни, Потребность как Иллюзия обладает значительно меньшей силой.

Ниже уровня физической боли она, фактически, вообще не обладает силой.

Многим людям, но не всем, очень трудно справляться с физической болью. Если кому-нибудь, кто испытывает сильную боль, в этот момент сказать что «это иллюзия», ему это может показаться очень странным.

Действительно, многих боль — и возможность боли — пугает больше, чем смерть.

И все же с этой иллюзией тоже можно справиться. Я уже говорил о разнице между болью и страданием. Мастера знают эту разницу, как и все те, кто понимает, для чего предназначены Иллюзии Жизни.

Иллюзия Потребности предполагала, что люди нуждаются в отсутствии боли, чтобы не страдать, чтобы быть счастливыми. И в то же время боль и счастье не являются взаимно исключающими понятиями — что могут подтвердить многие женщины, рожавшие детей.

Свобода от боли — это не потребность, это предпочтение. Переместив Потребность на уровень предпочтения, вы поставили себя в положение исключительной власти над получаемым переживанием.

Вы можете даже иметь власть над болью — достаточную для того, чтобы фактически игнорировать боль, а часто действительно заставить ее *исчезнуть*. Многие люди демонстрируют это.

Справляться с Иллюзиями Потребности, которые находятся ниже уровня физической боли, еще легче.

Вы можете думать, что вам нужен конкретный человек, чтобы быть счастливым, определенная должность, чтобы добиться успеха, какое-то эмоциональное или физическое наслаждение, чтобы почувствовать удовлетворение. Желание иметь это может появиться у вас, чтобы обратить внимание на то, что вы находитесь здесь, прямо сейчас, без этого.

Но почему вы думаете, что вы в этом нуждаетесь?

Более близкое рассмотрение покажет вам, что вы *не* нуждаетесь в этом — ни для того, чтобы выжить, ни даже для того, чтобы быть счастливым.

Счастье — это решение, а не переживание.

Вы можете решить быть счастливым без того, в чем, как вам кажется, вы нуждаетесь для того, чтобы быть счастливым, *и вы будете им.*

Это одна из самых важных вещей, которую вам когда-либо приходилось понимать. Поэтому Я еще раз возвращаюсь к этому моменту.

Счастье — это решение, а не переживание. Вы можете решить быть счастливым без того, в чем, как вам кажется, вы нуждаетесь для того, чтобы быть счастливым, *и вы будете им*.

Ваше переживание — *результат* вашего решения, а не его *причина*.

(Кстати, то же самое можно сказать о любви. Любовь — это не реакция, любовь — это решение. Когда вы об этом помните, вы приближаетесь к мастерству.)

Вторая маска Потребности — это потребности других людей. Если вы не видите в этой Иллюзии иллюзию, вы можете попасть в ловушку постоянных попыток удовлетворять потребности других людей, особенно тех, кого вы любите — ваших детей, супруга (супруги) или друзей.

Это может привести к скрытому возмущению, а потом и к закипанию гнева — как с вашей стороны, *так и* со стороны человека, которому вы оказываете помощь. Ирония заключается в том, что, непрерывно удовлетворяя потребности других, включая (а возможно — особенно) детей и своих партнеров по жизни, вы скорее лишаете их силы, чем помогаете им, — об этом мы уже говорили раньше.

Когда вы видите, что кто-то оказался в «нужде», позвольте себе использовать Иллюзию для выражения той части своего «я», которую вы решили выразить. Возможно, вы выбрали то, что вы называете состраданием или великодушием, добротой или вашим собственным достатком, или даже все это сразу, — но вам должно быть ясно, что вы никогда ничего не делаете для других. Запомните навсегда: *Все, что я делаю, я делаю для себя.*

Это еще одна из самых важных вещей, которую вам когда-либо приходилось понимать. Поэтому Я повторяю еще раз:

Все, что я делаю, я делаю для себя.

Это то, что является истиной для Бога, а также для вас. Единственная разница заключается в том, что Бог знает это.

Не существует никаких других интересов, кроме собственных. Это объясняется тем, что Я — это все, что существует. Вы — Одно со всем остальным, и нет ничего, что бы не было вами. Когда вам это станет ясно, ваше определение своекорыстия изменится.

***

Когда вы сталкиваетесь с Иллюзией Неудачи, вам может казаться, что вы испытываете нечто очень реальное.

Неудача может предстать перед вами в одной из двух масок: вашей «неудачи» или «неудачи» другого человека.

Столкнувшись с тем, что вам кажется неудачей, сразу же вспомните три фразы, содержащие конечную истину:

1. Ничто в моем мире не реально.
2. Все имеет тот смысл, который я этому придаю.
3. Я — тот, кем я себя называю, и мое переживание — такое, каким я его называю.

Это триединая истина — или Святая Троица.

Решите, что означает ваше переживание неудачи. Примите решение назвать свою неудачу успехом. После этого, перед лицом этой неудачи, вос-создайте себя заново. Решите, Кто Вы Есть в связи с этим переживанием. Не спрашивайте себя, *почему* вы его получили. *Не существует никаких причин, кроме той, которую вы этому приписали.*

Поэтому решайте: «Я получил это переживание, чтобы иметь возможность сделать еще один шаг на пути к успеху, к которому я стремлюсь. Это переживание дано мне как подарок. Я принимаю и высоко ценю его, я учусь на нем».

Помните, что Я говорил: *Любое обучение — это вспоминание.*

Поэтому *празднуйте неудачу.* На вашей планете существуют просветленные компании, которые так и поступают. Когда совершена «ошибка», когда обнаружена «оплошность» или когда переживается «неудача», босс призывает всех приветствовать это событие! Он понимает то, что Я вам здесь говорю, — и его служащие пойдут за него в огонь и в воду. Нет ничего, чего бы они не сделали, потому что он создал обстановку безопасности и климат успеха, где они могут испытать грандиознейшую часть самих себя и своих творческих способностей.

***

Когда вы сталкиваетесь с Иллюзией Отделенности, вам может казаться, что вы испытываете нечто очень реальное.

Отделенность может предстать перед вами в одной из двух масок: вашей «отделенности» или «отделенности» другого человека.

Вы можете ощущать ужасную отделенность от Бога. Вы можете чувствовать полную отделенность от своих братьев по разуму. И вы можете чувствовать, что другие полностью отделены от вас. В результате возникают иллюзии меньшего масштаба — иллюзии одиночества или подавленности.

Столкнувшись с тем, что вам кажется Отделенностью, сразу же вспомните три фразы, содержащие конечную истину:

1. Ничто в моем мире не реально.

2. Все имеет тот смысл, который я этому придаю.

3. Я — тот, кем я себя называю, и мое переживание — такое, каким я его называю.

Это приводит к тройственному процессу:

A. Увидеть Иллюзию как иллюзию.

B. Решить, что она означает.

C. Вос-создать себя заново.

Если вы испытываете одиночество, посмотрите на него как на иллюзию. Решите, что ваше одиночество означает, что вы недостаточно поддерживаете связь с окружающим вас миром — как можно быть одиноким в мире, полном одиноких людей? После этого выберите вос-создать себя заново как человека, соприкасающегося с другими людьми с любовью.

Делайте это в течение трех дней, и ваше настроение полностью изменится. Делайте это в течение трех недель, и одиночество, которое вы сейчас испытываете, закончится. Делайте это в течение трех месяцев, и вы больше никогда не испытаете одиночества вновь.

И тогда вы поймете, что ваше одиночество было иллюзией, *полностью поддающейся вашему контролю*.

Даже люди, находящиеся в тюремных камерах или на больничных койках, полностью изолированные от всех остальных, могут изменить свое внешнее восприятие, изменив внутреннюю реальность. Это достигается благодаря единению с Богом, тому самому переживанию, к которому ведет вас эта книга. Ибо, встретившись с Создателем внутри себя, вы больше никогда не будете нуждаться ни в чем снаружи себя, чтобы избежать одиночества.

Это доказывали во все времена мистики и монахи, религиозные общины и приверженцы духовной жизни. Внутренний экстаз духовного единения и Единства со всем Мирозданием (то есть со Мной!) нельзя сравнить ни с чем во внешнем мире.

Поистине, Отделенность — это Иллюзия.

Поэтому смотрите на *все* это как на нечто иллюзорное и как на благословенный дар, позволяющий вам выбрать и испытать, Кто Вы Есть в Действительности.

***

Рассмотрим еще несколько примеров, воспользовавшись еще несколькими иллюзиями (можно использовать любую из них, формула остается той же).

Когда вы сталкиваетесь с Иллюзией Осуждения, вам может казаться, что вы испытываете нечто очень реальное.

Осуждение может предстать перед вами в одной из двух масок: «осуждением» вас или вашим «осуждением» другого человека.

Когда вы сталкиваетесь с Иллюзией Превосходства, вам может казаться, что вы испытываете нечто очень реальное.

Превосходство может предстать перед вами в одной из двух масок: вашего «превосходства» или «превосходства» другого человека.

Когда вы сталкиваетесь с Иллюзией Неведения, вам может казаться, что вы испытываете нечто очень реальное.

Неведение может предстать перед вами в одной из двух масок: вашего «неведения» или «неведения» другого человека.

Вы заметили шаблон? Вы уже, прежде чем Я вам скажу, начинаете обдумывать хороший способ использовать эти иллюзии?

Когда вы сталкиваетесь с чьим-то осуждением, у вас возникает желание осудить этого человека в ответ. Когда другие сталкиваются с вашим осуждением, у них возникает желание осудить вас.

Когда вы сталкиваетесь с чьим-то превосходством, это побуждает вас считать себя лучше их. Когда другие сталкиваются с вашим превосходством, это побуждает их считать себя лучше вас.

Вы заметили шаблон? Вы уже начинаете, прежде чем Я вам скажу, обдумывать хороший способ использовать эти иллюзии?

Увидеть общий шаблон очень важно. Это шаблон, который вы накладываете на ткань собственного культурного мифа. Это то, что заставляет вас ощущать вашу коллективную реальность такой, как она есть на вашей планете.

Нет никакой необходимости приводить новые примеры того, как выйти за пределы этих Иллюзий и использовать их. Если Я буду продолжать давать вам конкретные примеры, вы начнете зависеть от Меня. Вы почувствуете, что не можете понять или узнать, как вос-создавать себя заново перед лицом «реальной жизни», в своем повседневном опыте.

В результате вы станете молиться. «Господи, помоги мне!» — станете взывать вы, а потом благодарить Меня, если все будет идти хорошо, и проклинать Меня, если этого не случится, — как будто Я удовлетворяю одни желания и отвергаю другие... или, что еще хуже, *удовлетворяю желания одних людей и отвергаю желания других.*

Я говорю вам это: *Не дело Бога удовлетворять или отвергать желания. На каком основании я должен это делать? Какие критерии использовать?*

Поймите хотя бы это, если вы не понимаете всего остального: Бог ни в чем не нуждается.

Если Я ни в чем не нуждаюсь, значит, у меня нет критериев, позволяющих мне решать, иметь *вам* что-то или не иметь.

Это решаете вы.

Вы можете принимать это решение сознательно или бессознательно.

Столетиями вы принимали его бессознательно. На самом деле даже тысячелетиями. Но существует способ делать это сознательно:

A. Увидеть Иллюзию как иллюзию.

B. Решить, что она означает.

C. Вос-создать себя заново.

Чтобы достичь этого, используйте в качестве инструмента приведенные ниже утверждения конечной истины:

1. Ничто в моем мире не реально.

2. Все имеет тот смысл, который я этому придаю.

3. Я — тот, кем я себя называю, и мое переживание — такое, каким я его называю.

Разговор, который я с вами здесь веду, — это попытка выразить человеческим языком сложные концепции, которые вы интуитивно понимаете на глубоком внутреннем уровне подсознания.

Эти представления приходили к вам и через вас и раньше. Если вы невнимательны, вам могло показаться, что они приходят к кому-то другому, через кого-то другого. *Это иллюзия.*

Вы несете себе этот опыт, через себя, постоянно. Это — ваш процесс вашего вспоминания.

Сейчас есть возможность перевести эти слова в опыт во плоти, заменив свои иллюзии новой живой реальностью. Это то преобразование жизни на вашей планете, о котором Я говорил. Поэтому Мною были вдохновлены слова:

«Слово стало плотию и обитало с нами».

ЧАСТЬ III

Встреча с создателем внутри себя

17

Обретение контроля над своим телом

Поскольку слова здесь существуют для того, чтобы создавать плоть, — для того, чтобы становиться не просто звуками, а физической реальностью в вашем физическом мире, — вы должны уделять внимание той части себя, которая является физической в этом мире.

Ваше единение с Богом, ваша встреча с создателем внутри себя, начинается со знания своего физического тела, понимания своего физического тела, почитания своего физического тела и использования своего физического тела как орудия, предназначенного для того, чтобы вам служить.

Только вначале вы должны понять, что вы — это *не* ваше физическое тело. Вы — это тот, кто управляет вашим телом, живет с вашим телом и действует в физическом мире *через* ваше тело. Но вы не являетесь самим телом.

Если вы вообразили, что вы — это ваше тело, вы будете воспринимать Жизнь как выражение своего тела. Если вы признаете, что ваша душа и Бог есть одно, вы будете воспринимать Жизнь как выражение Единого Духа.

Это меняет все.

Чтобы знать свое тело, чтобы понимать свое тело, чтобы ощущать свое тело во всем его великолепии, старайтесь обращаться с ним достойно. Любите его, заботьтесь о нем, прислушивайтесь к нему. Оно скажет вам, в чем истина.

Помните, истина — это то, что правильно сейчас, — и это знает каждое тело. Поэтому слушайте, что говорит вам ваше тело. Вспоминайте, *как* слушать. Смотрите, что ваше тело вам показывает. Вспоминайте, *как* смотреть.

Наблюдайте не только за языком тела других людей, наблюдайте за языком своего собственного тела.

Здоровье — это объявление о согласии между вашим телом, умом и духом.

Когда вы нездоровы, постарайтесь увидеть, какие ваши части не дают согласия. Возможно, наступило время предоставить отдых своему телу, но ваш ум не знает, как это сделать. Возможно, ваш ум занят негативными, злыми мыслями или заботой о завтрашнем дне, поэтому ваше тело не может отдохнуть.

Ваше тело покажет вам правду. Просто наблюдайте за ним. Замечайте, что оно вам показывает, прислушивайтесь к тому, что оно говорит.

Почитайте свое тело. Держите его в хорошей форме. Это ваш важнейший физический инструмент. Это удивительный, замечательный инструмент. Несмотря на жестокое обращение, оно продолжает служить вам, как может. Но зачем же снижать его эффективность? Зачем неправильно использовать его системы?

Если раньше Я призывал вас ежедневно медитировать, чтобы успокоить ум и ощутить свое Единство со Мной, теперь я призываю вас ежедневно упражнять свое тело.

Физические упражнения — это медитация тела.

Они тоже позволяют вам ощутить Единство со всем в Жизни. Вы никогда не чувствуете себя настолько живым, настолько *частью* Жизни, как во время выполнения упражнений. Движения тела поднимают вас на естественную высоту.

Этому высокому чувству легко дать имя. Вы *на* высоте, когда вы связаны с Создателем! А вы связаны с Создателем, когда ваше тело здорово и находится в гармонии с Жизнью.

Вы находитесь в очень высоком месте!

Ваше тело — не что иное, как энергетическая система. Энергия, то есть Жизнь, течет по вашему телу. Вы можете направлять эту энергию. Вы можете ее контролировать.

Эта энергия имеет много названий. На некоторых языках она называется *Ци*, другие зовут ее *праной*. Существуют и иные названия. Все это одно и то же.

Когда вы помните, как чувствовать эту энергию, ее тонкость, ее силу, вы можете также вспомнить, как управлять ею, как направлять ее. Существуют Мастера, которые могут помочь вам в этом. Они есть в разных отраслях знаний, разных культурах и разных традициях.

Вы также можете сделать это сами, не прибегая ни к чему, кроме внутренней решимости. Но если вы хотите, чтобы вами руководил Мастер, учитель или гуру, важно знать, как распознать его.

Вы можете узнать Мастера по тому, как он учит вас устанавливать контакт с Богом, показывает ли он вам, как встретиться с Богом.

Если он кричит на вас, предостерегает и соблазняет искать Бога снаружи — в его правде, в его книге, его способом, на его месте, — будьте осторожны. Проявите осмотрительность и помните, что на этот раз это иллюзия.

Если он спокойно побуждает вас искать Бога у себя внутри, если он рассказывает вам, что вы и Я есть Одно — и что вам не нужна его правда, его книга, его путь, — значит, вы нашли Мастера, потому что он ведет вас к Мастеру в глубине вас самих.

С помощью каких бы средств или программ вы это ни делали, поддержание в форме своего физического тела окажет вам большую поддержку — при условии, что это именно то, что вы пытаетесь сделать.

Знайте: то, что вы стремитесь сделать в этой жизни, — это выражение и переживание грандиознейшей версии самого прекрасного из всех ваших представлений о том, Кто Вы Есть. Если вы не ощущаете этого на сознательном уровне, если, по вашему мнению, вы делаете что-то другое, вы не сможете применить то, что я передал вам во время этого разговора. Очень немногое из сказанного будет иметь для вас какой-то смысл.

Если вы *понимаете* на сознательном уровне, что это именно то, что вы собираетесь сделать в этой жизни, при чтении этих бесед вам может показаться, что вы говорите с самим собой.

И это как раз то, что вы делаете.

Поэтому вас нисколько не удивит предложение упражнять свое тело. А также соблюдать диету, которая бы служила вашей цели. Вы будете точно знать, в чем заключается эта диета, и, если вы будете *прислушиваться к своему телу*, уже при виде любой пищи вы будете мгновенно знать, пойдет ли она вам на пользу.

Вы можете определить это, просто проведя рукой над продуктом. Ваше тело сразу узнает все, что вам нужно знать о том, гармонирует ли этот продукт с вашими глубочайшими намерениями относительно тела и души. Вы сможете улавливать вибрации.

Вам не придется читать книги по диетическому питанию, проходить специальную подготовку или искать чьих-то советов и консультаций. Вам просто нужно будет прислушаться к собственному телу и последовать *его* совету.

18

Обретение контроля над своими эмоциями

После того как вы начнете лучше заботиться о своем теле, следующим вашим шагом на пути к единению с Богом благодаря встрече с создателем внутри себя должно стать умение управлять своими эмоциями. Эмоции — это просто энергия в движении.

Вы можете взять эту энергию и «про-двинуть» (повысить ее вибрации) или «за-двинуть»* (понизить ее уровень).

Когда вы понижаете эту энергию — то есть переводите ее на самый низкий уровень, — вы производите отрицательную эмоцию. Когда вы продвигаете энергию — то есть переводите ее на самый высокий уровень, — вы производите положительную эмоцию.

Один из способов продвинуть, или поднять, свою энергию — это выполнение физических упражнений, вызывающих приятное возбуждение. Вы в буквальном смысле усиливаете вибрации энергии *Ки*, что превращает ее в выражаемую вами положительную эмоцию.

Другим способом поднять энергию Жизни, которая всегда присутствует в вашем теле, является медитация.

---

* Англ. *pro-motion* и *de-motion*.

Очень мощное воздействие оказывает *сочетание* физических упражнений с медитацией. Когда это сочетание становится частью вашей духовной дисциплины, вы создаете возможности для невероятного роста.

Использование этого сочетания напоминает вам, что вы можете контролировать как свое тело, так и свои эмоции, — а следовательно, испытывать то, что вы выберете. Для многих — по существу, для большинства — это потрясающее воспоминание.

Эмоции — это переживания, которые вы выбираете, а не те, которым вы подвергаетесь. Это мало кто понимает.

Внешние обстоятельства вашей физической жизни не должны иметь ничего общего с внутренними переживаниями вашей духовной жизни. Чтобы не испытывать страданий, совершенно не обязательно не испытывать боли.

Для того, чтобы на душе был покой, совершенно не обязательно отсутствие стрессов в вашей жизни.

На самом деле истинные Мастера испытывают покой *перед лицом* срывов и конфликтов, а не потому, что они находят способы их избежать.

Внутренний покой — это то, к чему стремятся все существа, потому что это сущность того, что все они собой представляют. И вы должны будете стремиться испытать, Кто Вы Есть в Действительности.

Этого внутреннего покоя перед лицом любых внешних условий или обстоятельств вы можете достичь, просто поняв, что вы — это не ваше тело и что ничто из того, что вы видите, не является реальным.

Вспомните, что вы живете среди Десяти Иллюзий. И поймите истину об этих Иллюзиях — вы сами создаете их, а также вытекающие из них мелкие иллюзии, так что вы сами можете решать и заявлять, становиться и осуществлять, выражать и испытывать, Кто Вы Есть в Действительности.

Я уже много раз вам говорил и говорю вновь:

Все в Жизни есть дар, и все ее совершенство — это совершенный инструмент, предназначенный для того, чтобы создавать совершенные возможности для совершенного выражения совершенного себя в вас, в виде вас и через вас.

Когда вы это поймете, вы будете всегда высоко ценить происходящее. То есть вы будете расти. Рост — следствие высокой оценки. Когда что-то ценят, оно становится больше, чем было.

Но вы будете способны не только выбирать, а следовательно, контролировать свои эмоции перед лицом любых обстоятельств, вы также сможете делать это *до* того, как встретитесь с обстоятельствами.

То есть вы сможете *заранее* решать, как привести свою энергию в движение — т. е. какой будет ваша эмоция — в ответ на любую предвиденную ситуацию в своей жизни.

Достигнув этого уровня мастерства, вы сможете также делать надлежащий выбор в ответ на любую *не*предвиденную ситуацию в своей жизни.

Таким образом, вы будете решать, Кто Вы Есть, в согласии с внешними иллюзиями своей жизни, вместо того чтобы делать это, вступая с ними в конфликт.

В данной трилогии, которая включает также «*Беседы с Богом*» и «*Дружбу с Богом*», а также во многих других источниках, появлявшихся в самое разное время, Я подробно объяснял, как этого достичь. Это просто напоминание о том, что и как.

Когда вы вспомните, как заботиться о своем теле и как контролировать свои эмоции, вы готовы к тому, чтобы сделать следующий шаг к встрече с Создателем внутри себя.

19

Культивирование готовности

Теперь вы подготовили путь, и все, что вам осталось сделать, это обрести готовность к встрече с Создателем внутри себя, к переживанию единения с Богом.

Это может быть встреча, которую вы ощутите физически или ментально — или же оба варианта. Может случиться, что вы будете рыдать от радости, дрожать от возбуждения, трястись в экстазе. Или же в один прекрасный день вас просто охватит спокойное осознание, что теперь вы *знаете.*

Вы знаете об Иллюзии и о Реальности.

Вы знаете о своем Я и о Боге.

Вы понимаете Единство и индивидуацию Единства.

Вы все это понимаете.

Это ощущение знания может остаться с вами, а может прийти и уйти. Не следует предаваться восторгу, если оно останется, и не следует приходить в уныние, если оно пройдет. Просто отметьте это и потом выбирайте, что вы хотите испытать дальше.

Известно, что даже Мастера временами выбирают не испытывать своего мастерства — иногда ради радости вновь пробудиться к нему, иногда для того, чтобы пробудить других. Вот почему с Мастерами иногда происходят вещи, которые, по вашему суждению, не должны были бы или *не могли бы* происходить, если бы они были «настоящими Мастерами».

Поэтому не судите, и да не судимы будете. Ведь вы можете встретить своего Мастера именно в этот день — в лице дамы с покупками на улице или уличного грабителя в парке, а не только в виде гуру на вершине горы. На самом деле последнее случается крайне редко. Мастера, который появляется как Мастер, редко признают, обычно ему дают отпор. Но Мастер, который ходит между вами, появившись как один из вас, часто оказывается Мастером, влияние которого будет наибольшим.

Так что всегда будьте готовы, ведь вы не знаете, в какой день и час может прийти ваш Мастер. Может случиться, что его поведение покажется вам недопустимым, он не будет подчиняться никаким священным законам и обычаям вашего общества, и его станут преследовать.

Но впоследствии вы будете пытаться вспомнить каждое сказанное им слово.

***

Стоит вам достичь мастерства или хотя бы время от времени подниматься на этот уровень, ваше общество тоже может начать вас судить, осуждать и преследовать. Другие станут бояться вас, их будет беспокоить, что вы знаете что-то такое, чего не знают они, или что вы подвергаете сомнению что-то, что, как они думают, они *знают*. А именно страх превращает наблюдение в осуждение, а осуждение в гнев.

Это то, что Я вам уже говорил. Гнев есть проявленный страх.

Гнев других людей будет частью их Иллюзии относительно того, кто они есть и кто вы есть. Поэтому Мастер в вас простит их, понимая, что они не ведают, что творят.

Вот ключ к выражению и испытанию Божественного в вас:

ПРОЩЕНИЕ.

Вы не увидите Божественного в себе, пока не простите другим того, что, по вашему убеждению, таковым не является. И вы не сможете заметить Божественного в другом, до тех пор — и не раньше — пока не сделаете это.

Прощение расширяет восприятие.

Когда вы простите себе то, чем вы и другие не являетесь, вы обнаружите, чем вы и другие действительно являетесь. В этот момент вы поймете, что само прощение не является необходимым. Поскольку — кто кого прощает? И за что?

Мы Все Одно.

В этом великий покой и великое утешение. Свой покой я передаю вам. Мир с вами.

Прощение — просто еще одно слово для обозначения покоя на языке души.

Это то, что вы начинаете понимать до самой глубины, когда пробуждаетесь от сна своей воображаемой реальности.

Пробуждение может последовать в любой момент, и произойти это может с любым человеком. Поэтому относитесь с уважением к любому времени и к любому человеку, ведь момент вашего освобождения, быть может, уже рядом. Это будет момент вашего освобождения от Иллюзий, момент, когда вы сможете быть с ними, но не внутри них.

8 – 4869

Подобный момент в вашей жизни будет не один. По существу, ваша жизнь создана для того, чтобы приносить вам именно такие моменты.

Это моменты вашей благодати, когда чистота и мудрость, любовь и понимание, руководство и проникновение в сущность приходят к вам и через вас.

Эти моменты благодати навсегда изменяют вашу жизнь, а часто и жизни других людей.

Именно такой момент благодати привел вас к этой книге. Именно поэтому вы смогли получить и глубоко понять это сообщение.

Некоторым образом это — встреча с Создателем.

Она произошла благодаря вашей готовности, вашей открытости, вашей способности прощать и вашей любви. Вы любите себя, вы любите других и вы любите Жизнь.

И — да — вы любите Меня.

Любовь к Богу привела Бога к вам. Любовь к себе привела к осознанию той части своего я, которая *есть* Бог — и, следовательно, знает, что Бог приходит не *к* вам, а *через* вас. Ведь Бог никогда не стоял в стороне от вас, а был частью вас.

Создатель *не* отделен от созданного. Любящий не отделен от того, кого он любит. Это не в природе любви, и это не в природе Бога.

Как и не в вашей природе. Вы не отделены ни от чего и ни от кого, и меньше всего — от Бога.

Вы знали это с самого начала. Вы понимали это всегда. Теперь, наконец, вы дали себе разрешение испытать это, получить момент подлинной благодати — быть в единении с Богом.

***

На что похоже состояние такого единения? Если вы достигли остроты этого переживания, вы уже знаете ответ. Если вы устанавливаете связь лишь на мгновение во время медитации, вы уже знаете ответ. Если вы ощущаете удивительную высоту самого бодрящего физического переживания, вы уже знаете ответ.

В состоянии единения с Богом вы временно потеряете ощущение индивидуальности. Но это произойдет без всякого чувства потери, ибо вы будете знать, что просто реализуете свою подлинную сущность. То есть вы *реал-изуете ее*. Вы в буквальном смысле *делаете ее реальной*.

Вас охватит невыразимое блаженство, особое состояние экстаза. Вы будете ощущать полную поглощенность любовью, единство со всем. И вы никогда больше не удовлетворитесь ничем меньшим.

Те, кто испытали это, возвращаются в мир другими. Они обнаруживают, что влюблены во все, что попадается им на глаза. В удивительные моменты Святого Единения они ощущают Единство со всеми другими людьми и со всем во Вселенной.

Возросшее осознание и глубокая признательность природе может по малейшему поводу вызывать у них неожиданные слезы радости. Новое понимание всего, что они видят в окружающем их мире, может привести к их полному изменению. Нередко они начинают медленнее двигаться, мягче говорить, деликатнее поступать.

Эти и другие изменения могут сохраняться несколько часов или несколько дней, несколько месяцев или несколько лет — или на протяжении всей жизни. Продолжительность переживания — это исключительно личный выбор. Если его не возобновлять, оно поблекнет само по себе. Подобно тому, как яркость света блекнет по мере удаления от его источника, так и блаженство Единства блекнет тем сильнее, чем дольше вы удалены от него.

Чтобы оставаться в свете, необходимо находиться вблизи от него. Чтобы оставаться в состоянии блаженства, необходимо то же самое.

Вот почему, когда вы живете со своими нынешними Иллюзиями, вам следует делать все возможное — медитировать, выполнять физические упражнения, молиться, читать, писать, слушать музыку всякий раз, когда вам это удается, — чтобы ежедневно разжигать свое осознание.

Тогда вы окажетесь в святом месте Всевышнего. И вы почувствуете высоту, ваши мысли о себе и о других, обо всем в Жизни станут высокими.

Тогда вы начнете творить, вы будете вносить такой вклад в Жизнь, какого не вносили никогда прежде.

20

Послание Создателя

После встречи с Создателем у себя внутри вы запомните послание Создателя, потому что это послание вашего собственного сердца.

Оно ничем не отличается от послания, которое всякий раз поет ваше сердце, когда вы смотрите с любовью в глаза другого человека. Оно ничем не отличается от послания, которое кричит ваше сердце, когда вы видите страдания другого человека.

Это послание, которое вы несете миру и с которым вы остаетесь в мире, когда вы становитесь своим истинным Я.

Это послание, которое Я оставляю вам сейчас, чтобы вы могли вспомнить его еще раз и поделиться им со всеми теми, с кем соприкасается ваша жизнь.

Будьте добрыми и хорошими по отношению к другим.

Будьте добрыми и хорошими также по отношению к себе.

Поймите, что одно не исключает другого.

Будьте великодушны по отношению к другим, делитесь с ними.

Будьте великодушны также по отношению к себе.

Знайте, что, только делясь с собой, вы можете поделиться с другим. Ведь вы не можете дать другому то, чего нет у вас.

Будьте благородными и честными по отношению к другим.

Будьте также благородными и честными по отношению к себе.

Если ты будешь верным собственному Я и станешь следовать этому, как ночь следует за днем, ты не сможешь лгать никому.

Помните, что, предавая себя, чтобы не предавать другого, вы все равно совершаете предательство. Это величайшее из предательств.

Всегда помните, что любовь — это свобода. Для ее определения не нужны другие слова. Вам не нужны другие мысли, чтобы понять ее. Вам не нужны другие действия, чтобы выразить ее.

Ваши постоянные поиски истинного определения любви закончены. Теперь может возникнуть только один вопрос: можете ли вы принести этот дар любви себе и другим, даже когда Я приношу его вам.

Любая система, соглашение, решение или выбор, выражающие свободу, выражают Бога. Ведь Бог *есть* свобода, а свобода есть выраженная любовь.

Всегда помните, что ваш мир — это мир Иллюзии, что все, что вы видите, не является реальным и что вы можете использовать Иллюзию, чтобы получить великое переживание Конечной Реальности. По существу, это то, ради чего вы сюда приходите.

Вы живете мечтой, созданной вами самими. Пусть это будет мечта всей жизни, ведь именно этим она и является.

Мечтой о мире, в котором никогда не будут отрицаться Бог и Богиня в вас и в котором вы никогда больше не будете отрицать Бога и Богиню в других. Пусть вашим приветствием, отныне и навеки, станет *Namaste*.

Мечтой о мире, в котором ответом на любой вопрос, реакцией на любую ситуацию, переживанием в любой момент будет любовь.

Мечтой о мире, в котором Жизнь и то, что поддерживает Жизнь, будет являться величайшей ценностью, пользоваться наибольшим уважением и находить самое яркое выражение.

Мечтой о мире, в котором свобода станет высшим выражением Жизни, в котором человек, утверждающий, что любит другого, не будет стремиться его ограничить и в котором всем будет разрешено полностью и искренне выражать блаженство своего существования.

Мечтой о мире, в котором всем будут гарантированы равные возможности, в котором все будут обладать равными средствами и равным достоинством, так что все смогут выражать равенство несравненного чуда жизни.

Мечтой о мире, в котором никто никого больше не будет судить, в котором никогда не будут ставить условия, прежде чем предоставить любовь, и в котором страх никогда больше не будет средством выразить уважение.

Мечтой о мире, в котором отличие не будет приводить к разделению, индивидуальное выражение не будет приводить к отделенности и величие Целого будет отражаться на величии его частей.

Мечтой о мире, в котором не будет недостатка ни в чем, в котором будет достаточно чем-то поделиться, чтобы это осознать — и создать, и в котором каждое действие будет подтверждать это.

Мечтой о мире, в котором никогда больше не будут игнорировать страдание, в котором никогда больше не будут проявлять нетерпимость и в котором никто больше не будет испытывать ненависти.

Мечтой о мире, в котором эго будет отброшено, в котором Превосходство будет упразднено и в котором Неведение будет исключено из реальности каждого человека, сведено к Иллюзии, чем оно и является.

Мечтой о мире, в котором ошибки не будут вести к позору, сожаление не будет вести к чувству вины, а Суждение — к Осуждению.

Мечтайте обо всем этом, и не только об этом.

Вы выбираете это?

Тогда *осуществляйте свою мечту.*

Силой своей мечты положите конец кошмару своей реальности.

Вы можете выбрать это.

Или же — вы можете выбрать Иллюзию.

Я уже говорил вам, используя слова поэтов, вождей и философов: есть люди, которые видят вещи такими, как есть, и спрашивают «Почему?», а есть люди, которые мечтают о вещах, которых никогда не было, и спрашивают: «Почему нет?»

А что скажете вы?

21

Воспользуйтесь моментом благодати

Сейчас пришло время принимать решение. Сейчас время делать выбор. Вы стоите — как и весь род человеческий — на перекрестке.

В самые ближайшие дни и недели, месяцы и годы вам придется выбирать, какой вы хотите видеть жизнь на своей планете — или хотите ли вы вообще жить на своей планете.

Вам придется решать, продолжать ли жить в созданной вами Иллюзии так, как будто она реальна. Или вы вместо этого решите отойти от Иллюзии, увидеть ее *как* Иллюзию и *использовать* Иллюзию, чтобы испытать рай на земле и Конечную Реальность того, Кто Вы Действительно Есть.

Вот мое послание миру:

Вы *можете* создать новый вид цивилизации.

Вы *можете* найти новый мир.

Выбор за вами.

Момент близок.

Это момент вашей благодати.

Используйте этот момент.

Воспользуйтесь этим днем.

Проснувшись, начните с видения себя как того, Кто Вы Есть в Действительности, с восхваления всего, чем вы когда-либо были, и всего, чем вы становитесь. В этот момент благодати начните с решения стать большим, чем вы когда-либо были, большим, чем вы когда-либо мечтали стать, достичь большего, чем вам когда-либо удавалось достичь. Помните, для вас нет ничего недостижимого.

Увидьте себя как свет, который на самом деле должен освещать мир. Признайте себя способным стать им. Объявите об этом своему сердцу, а потом, *через* свое сердце, всем. Пусть ваши действия станут вашим объявлением. Наполните свой мир любовью.

Знайте, что вы — спаситель, которого все ждут, что вы пришли спасти каждого, с чьей жизнью вы соприкоснетесь, от каких бы то ни было мыслей, отрицающих чудо того, кто они есть, и блаженство их вечного единения с Богом.

Знайте, что вы входите в комнату, чтобы исцелить комнату.

Вы входите в пространство, чтобы исцелить пространство.

Других причин вашего пребывания здесь не существует.

Вы совершаете путешествие к мастерству, и сейчас пришло время продвигаться вперед.

Воспользуйтесь святым моментом.

Это Мое послание, а вот еще:

Будьте в мире, не игнорируйте его. Духовность не должна прятаться навсегда в пещере.

Будьте в своем мире, но не принадлежите ему.

Живите *с* Иллюзией, но не *в* ней. Но не отказывайтесь от нее, не удаляйтесь от мира. Таким способом вы не сможете создать лучший мир, не сможете испытать грандиознейшую часть самого себя.

Помните, что мир был создан *для* вас, чтобы вы имели контекст, в котором можно испытать себя как того, Кто Вы Есть в Действительности.

Пришло время сделать это.

Если вы будете и дальше игнорировать этот мир, позволяя ему идти своим путем, в то время как вы идете своим, погрузившись только в свои повседневные переживания и играя слишком малую роль в попытках вос-создать вокруг себя переживания более крупного масштаба, созданный вами мир может скоро перестать существовать.

Посмотрите на мир вокруг себя. Почувствуйте свою страстность. Пусть она подскажет вам, какую часть окружающего вас мира вы хотите вос-создать заново. После этого используйте данные вам инструменты, чтобы начать это вос-создание. Используйте инструменты своего общества: инструменты религии, образования, политики, экономики и духовности. С помощью этих инструментов вы можете сделать *заявление* — заявление о том, Кто Вы Есть.

Не думайте, что духовность и политика несовместимы. Политика *есть* духовность *проявленная*.

Не думайте, что экономика не имеет ничего общего с духовностью. Ваша экономика разоблачает вашу духовность.

Не думайте, что образование и духовность могут или должны быть отделены. Ведь то, чему вы учите, — это то, что вы есть, и если это не духовность, то что же тогда духовность?

И не воображайте, что религия и духовность — это не одно и то же. Духовность — это то, что строит мост между телом, умом и душой. Все подлинные религии тоже строят мост, а не стену.

Так что будьте строителем мостов. Устраняйте расхождения, образовавшиеся между религиями, культурами, расами и государствами. Объединяйте то, что разорвано на части.

Уважайте свой дом во Вселенной и будьте его хорошим управляющим. Защищайте то, что вас окружает, берегите его. Обновляйте свои ресурсы и делитесь ими.

Воздайте славу своему Богу, воздав славу друг другу. Увидьте Бога в каждом и помогите каждому увидеть в себе Бога.

Покончите навсегда с разделением и соперничеством, соревнованиями и битвами, с войнами и убийствами. Заканчивайте их. *Положите им конец.* Все цивилизованные общества в конце концов делают это.

Это Мое послание вам, а вот еще:

Если вы действительно хотите испытать самый лучший из миров, какой способно нарисовать ваше воображение, вы должны любить, не ставя никаких условий, свободно делиться всем, открыто общаться, творить сообща. Не может быть никаких скрытых программ, никаких ограничений в любви, никаких умалчиваний.

Вы должны решить, что вы все действительно Одно, что то, что хорошо для другого, хорошо для вас, а что плохо для другого, плохо для вас, что то, что вы делаете для другого, вы делаете для себя, а что вы не делаете для другого, вы не делаете для себя.

Можете ли вы поступать подобным образом? Способны ли человеческие существа на такое величие?

Да. Я говорю вам да, и да, и тысячу раз да!

И не беспокойтесь о том, что останется недостаточно того, «чем вы не являетесь», чтобы создать контекстуальное поле, в котором вы сможете испытать, Кто Вы Есть в Действительности.

Ваше контекстуальное поле — вся Вселенная! А также вся ваша память.

Те, кто старше и мудрее, часто призывают воздвигать памятники, назначать специальные дни и создавать торжественные ритуалы в ознаменование вашего прошлого — ваших войн, массовых уничтожений людей и бес-славных моментов.

Зачем отмечать это? — можете спросить вы. Зачем тащить за собой прошлое? И те же старшие вам ответят: «Чтобы мы не забыли».

В их советах больше смысла, чем вы думаете, потому что, создавая контекстуальное поле в памяти, вы устраняете необходимость делать это в настоящий момент. Вы искренне можете сказать «Никогда больше», именно это имея в виду. Заявляя это, вы *используете* свои бес-славные моменты, чтобы создавать моменты славы.

Может ли ваш род сделать подобное заявление? Может ли человечество помнить, каким оно было, отражая в каждой мысли, слове и поступке образ и подобие Бога? Способны ли вы на такое величие?

Да. Я говорю вам да, и да, и тысячу раз да!

Именно такими вы должны были быть, именно такой была задумана жизнь, пока вы не потерялись в Иллюзиях.

Еще не поздно. Нет, ничуть не поздно.

Вы в своем великолепии можете сделать это, вы можете *быть* этим.

Вы можете *быть любовью.*

Знайте, что Я всецело с вами. Настоящий разговор подошел к концу, но наше сотрудничество, наше со-творение, наше единение никогда не закончится.

Вы всегда будете говорить с Богом, вы всегда будете наслаждаться дружбой с Богом в единении с Богом.

Я буду с вами всегда, до конца времен. Я никогда не смогу не быть с вами, потому что Я *есть* вы, а вы есть Я. Это правда, а все остальное — Иллюзия.

Так что отправляйся в путешествие, Мой друг, отправляйся в путешествие. Мир хочет услышать от *тебя* послание о его спасении.

Это послание — ваша жизнь, живите ее.

Вы — пророки, время которых настало. Ведь демонстрируемая вами правда о вашей жизни сегодня — абсолютное предсказание того, что будет правдой о вашей жизни завтра. Это действительно делает вас пророками.

Ваш мир изменится, потому что вы решили изменить его. Вы даже не подозреваете, насколько целительна ваша работа, и она продлится в будущем.

Все это правда, потому что вы выбрали позволить чуду вашего единения со Мной проявиться в вас, в виде вас и через вас. Выбирайте это почаще, и приносите покой в Мой мир.

Станьте инструментом Моего покоя.

Там, где ненависть, сейте любовь;

Там, где обида, сейте прощение;

Там, где сомнение, сейте веру;

Там, где отчаяние, сейте надежду;

Туда, где тьма, несите свет;

Туда, где грусть, несите радость.

Стремитесь не столько получить утешение, сколько утешить;

не столько быть понятым, сколько понимать;

не столько быть любимым, сколько любить.

Ведь любовь — это Кто Вы Есть и кем вы всегда должны быть.

Вы ищете правду, которая поможет вам прожить вашу жизнь, и Я даю вам здесь эту правду, даю ее снова.

Будьте любовью, Мои Возлюбленные.

Будьте любовью, и ваше долгое путешествие к мастерству закончится, даже если ваше новое путешествие, чтобы привести к мастерству других, только начинается. Ведь любовь — это все, что вы есть, все, что Я есть, и все, чем Мы когда-либо намеревались быть.

Так будьте ею.

В заключение . . .

Эта удивительная беседа, которую, я уверен, вдохновил Бог, была посвящена многим решающим вопросам, возникавшим у меня о Боге и о Жизни. Вместе с предыдущими книгами «*С Богом*» она создает поразительно ясную и удивительно последовательную космологию.

Для меня самым значительным «откровением» стало то, что я вообще не нуждался в этих пяти книгах — или в чем бы то ни было еще по этому вопросу. Вся космология — это Иллюзия, и Первой Иллюзией является Иллюзия Потребности.

Это явилось удивительным осознанием. Оно позволило выразить в ясных и точных терминах определение того, Кто Я Есть в Действительности.

Я есть:

То, Что Ни В Чем Не Нуждается.

Или просто, *То, Что Есть.*

Или, еще проще, *Это.*

Это окончательная формулировка Бытия.

Я Есть Это.

Интересно, что к этому сводятся высказывания всех подлинных Мастеров. Я просто никогда не понимал этого.

Теперь я понимаю.

Все, что вы должны сделать, когда что-то становится непонятным, когда жизнь приводит вас в замешательство, — смело встретить то, что вы видите, и сказать «Я Есть Это».

Все замешательство сразу проходит. Всякий гнев и чувство обиды испаряются. Любое нарушение и разрыв исчезают. Все, что остается, — вы и любовь, а это одно и то же.

В таком состоянии полного осознания решения приходят сами собой. На самом деле величайшее решение — это осознание того, что проблемы не существует.

Ничто не составляет проблемы в глазах Бога.

А именно глазами Бога вы смотрите. Вы просто не знаете об этом. Пока не узнаете. А узнав, воскликнете: *Я был слеп, но теперь я вижу.*

И это поистине благодать. Это один из моментов благодати — моментов осознания Божественного, — который может случиться в любое время.

Я верю, что такие моменты — часть процесса. Процесса, который я назвал вспоминанием. (Другие называют его эволюцией.) Процесса, которому подвержены мы все.

Как он работает?

Вначале мы осознаем Божественное в том, что нас окружает. После этого мы осознаем то Божественное, что есть в нас. И, наконец, мы осознаем, что Божественным является все и что не существует *ничего другого.*

Это момент нашего пробуждения.

А пробудившись, мы хотим пробудить других. Это вполне естественно. Это то, что следует за нашим пробуждением. Это то, что позволяет нам функционировать, то, что позволяет нам испытывать, Кто Мы Действительно Есть.

Мы будем искать в мире возможности сделать это. Некоторые из нас создадут это.

Я уверен, что, если мы все объединимся в этом творчестве, его сила будет значительно больше. Именно это понимается под словами: *Где двое или трое собраны во имя Мое...*

Мне вспомнились слова замечательного христианского гимна: *Мы собрались вместе, чтобы просить благословения у Господа...*

Один из способов это сделать — а на самом деле этих способов множество — присоединиться к тем, кого глубоко тронуло послание «*Единения с Богом*», «*Дружбы с Богом*» и трилогии «*Беседы с Богом*» и кто хочет, чтобы то, что описано в «*Беседах с Богом*» (БСБ), мог пережить каждый.

Это послание изменило жизни миллионов людей, и оно обладает достаточной силой, чтобы изменить мир.

Мы обладаем достаточной силой, чтобы изменить мир.

На сегодняшний день «*Беседы с Богом*» переведены на двадцать семь языков. Сопутствующие им книги тоже находят свой путь к людям всего мира. Это приводит к невероятному нарастанию энергии. В разных концах земного шара люди начинают спрашивать: *Как мне сделать эту освобождающую душу мудрость частью своей повседневной жизни? Как поделиться ею с другими?*

В 1995 году, когда впервые были опубликованы «*Беседы с Богом*», мы с Нэнси, моей женой, вскрывали письма и писали на них ответы у себя на кухне. Сейчас поток этих писем достигает трех сотен в неделю — а бывают недели, когда их приходит до шестисот! Добавьте к этому такое же количество телефонных звонков и писем, полученных по электронной почте, и вы без труда сможете себе представить, сколько нужно времени, чтобы со всем этим справиться.

Эта входящая энергия включает все — от звонков с просьбой разъяснить некоторые вызывающие сомнения вопросы и настойчивых просьб объяснить, как применить все это в повседневной жизни, порекомендовать дополнительные книги, магнитофонные записи или программы, до замечательных волнующих деловых предложений от самых разных людей по поводу того, как способствовать дальнейшему распространению БСБ.

В ответ на это мы с Нэнси создали две организации — некоммерческий фонд *ReCreation* и коммерческую организацию *Greatest Visions.*

Некоммерческая организация позволяет нам вести замечательную работу в мире, делясь и используя послание книг *«С Богом»* самыми разными способами. Коммерческая компания дает нам возможность с максимальной гибкостью создавать необходимые для этой работы фонды. Доходы от компании *Greatest Visions*, оставшиеся после уплаты налогов, передаются *ReCreation* и другим некоммерческим организациям, миссия которых состоит в достижении глубокой гармонии с БСБ.

Работа, выполняемая обеими организациями, разрослась настолько, что теперь мы получаем помощь от людей всего мира, сделавших выбор присоединиться к этой работе, *потому что они видят ее как свою собственную*.

Мы формулируем свою миссию следующим образом: «Вернуть людей себе самим». То есть вернуть их к высочайшему выражению, величайшему переживанию и широчайшему осознанию того, что значит полностью быть человеком.

Сейчас это испытывают многие. Но множество людей по-прежнему проводят свою жизнь в полном безрассудстве.

Мы никогда не утрачивали верного представления о том, как это сделать. Мы только утрачивали волю.

Но сейчас мы все больше и больше собираем свою волю. Все больше и больше мы видим то, что должны увидеть, говорим то, что должны сказать, призываем то, что должны призывать — будь то мудрость, мужество или решимость, — чтобы помочь всем людям прожить свою жизнь так, как задумано, чтобы положить конец коллективному кошмару и сделать былью наши самые прекрасные мечты.

Все больше и больше мы смотрим на мир вокруг нас и решаем вос-создать себя заново в грандиознейшей версии самого прекрасного из всех своих представлений о том, Кто Мы Есть.

Именно в этот процесс вос-создания глубоко вовлечены обе наши организации. Именно в этом процессе мы приглашаем принять участие всех тех, кто соприкоснется с БСБ.

Существует множество уровней, на которых можно «поддерживать связь» с этой энергией или принимать участие в этой работе.

Один из способов делать это открывает информационный бюллетень «*Беседы*». Его можно получить, выслав 35$ за выпуск (45$ для тех, кто живет за пределами США) по адресу Фонда *ReCreation*, который указан на стр. 249.

«Беседы» содержат сведения о текущих программах, ритритах, семинарах, лекциях и других видах деятельности, практические, рассчитанные на неподготовленного читателя советы относительно того, как явить свою грандиознейшую версию в жизнь прямо сейчас, а также мои ответы на вопросы читателей со всего мира.

Кроме того, он содержит Указатель людей, продуктов, программ и услуг, предоставляемых по всей стране, которые помогут вам в вашем путешествии к величайшему духовному переживанию и более глубокой связи с Богом. Наконец, он включает особый раздел по «Надлежащим средствам к существованию», предлагающий руководство, как заставить послание книг «*С Богом*» работать на рынке.

Особым событием можно назвать нашу программу «Неделя предоставления полномочий», которая предлагает руководство по более глубокому пониманию материалов книг «*С Богом*», а также практическую помощь и советы для тех, кто хочет играть активную роль в передаче их послания своему обществу и миру в целом, помогая группам по изучению, работая инструкторами или проводя ритриты или семинары. Эта программа является полезным инструментом, помогающим эффективно делиться тем, что так глубоко тронуло вашу душу.

Подобным образом, наш пятидневный «Интенсивный ритрит по воссозданию себя» предлагает замечательную возможность функционально использовать мудрость БСБ в своей повседневной жизни — и воссоздать себя заново.

Эти и другие программы, учитывая вашу реакцию на предлагаемые ими возможности, делают нашу работу очень увлекательной. Мы верим, что, когда мы вместе, это совсем другое дело.

«БСБ в действии», например, предлагает вам возможность вместе с другими членами организации поддержать такие замечательные начинания, как . . .

- Международный форум по использованию духовности для прекращения конфликтов, Сеул, Южная Корея, июнь 2001 года, — работа «Фонда мира нового тысячелетия», родиться которому помогли члены «*БСБ в действии*».
- Программа Школы сердечного света, смелой школы нового вида, с волнующим новаторским курсом обучения, основанном на принципах БСБ, экспериментальный проект которой был осуществлен Фондом в Ашленде, шт. Орегон.
- «Круг Мудрости», помогающий тысячам людей в разных концах земного шара, которые присылают нам письма и просят совета, понять, как материалы БСБ могут быть применены в повседневной жизни.
- «Дом, уличный дом», программа помощи тем, для кого «домом, уличным домом» служит тротуар, парк или место под мостом. Она предлагает удовлетворение потребностей момента, чтобы помочь людям встретиться в итоге со своими собственными потребностями — и в конце концов увидеть то, что узнаем мы все — что сама Потребность есть Иллюзия.

Для членства в «*БСБ в действии*» может потребоваться взнос в 125$, что поможет — самым непосредственным образом, как было описано выше, — ввести БСБ в действие. Присоединяясь к «*БСБ в действии*», вы посылаете послание о поддержке того, что мы делаем, и о своем решении прибавить свою энергию к нашей. Члены этого объединения получают специальный отчет, «*Квартальные новости*», где указано, на что используются эти деньги и как они помогают изменению мира, а также красивый сертификат от Фонда в знак признания той важной роли, которую он играет в изменении парадигмы нашего коллективного переживания на планете.

Некоторые из вас проявляют интерес не только к помощи в распространении послания, оказывающего столь положительное воздействие на вашу жизнь, но и к тому, чтобы *распространять его с нами*.

Нам пишут люди со всего мира, спрашивая, как они могут это сделать и одобряем ли мы это.

Конечно, да. Если вы достаточно глубоко прочувствовали все сказанное и хотите поделиться с другими, используйте для этого все возможные средства. Для этого вам не требуется мое разрешение. Большинство из более чем 250 Учебных групп по всему миру (это те, о которых мы знаем!) начинали, когда мы о них даже не знали. Мы никак не побуждали их к этому и не оказывали никакой материальной поддержки.

Если, предприняв эти замечательные попытки, вы захотите получить нашу помощь и поддержку, свяжитесь с Фондом, чтобы узнать о нашей «Программе предоставления возможностей партнерам». Это вам ничего не будет стоить. Программа обеспечивает руководство и советы, а также предоставляет сеть возможностей всем тем, кто сам стремится нести послание БСБ людям.

Те, кто хочет получить больше информации о «*БСБ в действии*», «Программе предоставления возможностей партнерам», пятидневном «Ритрите по воссозданию себя», «Неделе предоставления возможностей» или о любых других аспектах нашей работы, связывайтесь, не стесняясь, с нами. Наш адрес:

The ReCreation Foundation

PMB 1150

1257 Siskiyou Blvd.

Ashland, Oregon 97520

Сайт в Интернете: *www.conversationswithgod.org*

Телефон: 541-482-8806

Электронная почта: *recreating@cwg.cc*

Если вы хотите предложить продукцию или услугу, связанную с книгами «*С Богом*», которые, по вашему мнению, могут служить цели создания дополнительных поступлений для поддержания видения БСБ по всему миру, одновременно создавая надлежащие средства существования для вас и для других, свяжитесь, пожалуйста, с нами по адресу:

Greatest Visions, Inc.

PMB 502

2305-C Ashland Street

Ashland, Oregon 97520

Сайт в Интернете: *www.conversationswithgod.org*

Телефон: 541-482-5706

Электронная почта: *mail@greatestvisions.com*

Да благословит вас всех Господь и спасибо вам за то, что вы были здесь со мной, и за весь процесс, приведший к серии «*С Богом*». Это было удивительное переживание, и, если оно оказывает хотя бы незначительное влияние на вашу жизнь, по сравнению с тем, какое оно оказало на мою, значит, все мы меняемся замечательным образом.

Но изменим ли мы наш мир?

—НДУ

Об авторе

Большинство людей верят в Бога, они просто не верят в Бога, который верит в них...

Вы научились разговаривать с Богом, вести беседу. Получая в своей дружбе с Богом силу, надежду и любовь, вы возвращаете их, потому что вера — улица с двусторонним движением. Теперь Бог доступен опять... он предлагает вам целостность... единение. Теперь вы узнаете Бога, который верит в вас.

Вы пришли сюда, чтобы на собственном опыте узнать, что Бог обитает у вас внутри. Вы пришли, чтобы встретиться с Создателем — Создателем, который внутри вас и вокруг вас. И для того, чтобы сделать это, вы должны выйти за пределы Десяти Человеческих Иллюзий.

Осознав эти иллюзии, вы сможете изменить свой образ мышления. Когда вы признаете, что это всего лишь иллюзии, вы сможете изменить то, во что вы верите. Когда вы начнете жить без них, вы сможете изменить мир.

НИЛ ДОНАЛД УОЛШ вместе со своей женой Нэнси живет в Южном Орегоне. Они основали фонд *ReCreation*, некоммерческую организацию для личного роста и духовного понимания, цель которой — вернуть людей самим себе. Уолш читает лекции и организует ритриты у себя в стране и по всему миру, чтобы поддерживать и распространять послания, содержащиеся в его удивительных книгах.

Сначала была беседа. Она переросла в дружбу. А теперь мы стоим на пороге духовного единства... Единения с Богом...

Я пришел к вам сейчас, в этот день и час, когда вы вступаете в новое тысячелетие, чтобы вы могли начать новую тысячу лет по-новому: познав наконец Меня, впервые выбрав Меня и будучи Мною всегда, всеми способами.

В выборе времени нет ошибки. Я начал эти новые откровения в начале прошлого десятилетия, они были продолжены в Моих беседах с вами на протяжении последних лет столетия, и в последние мгновения прошлого тысячелетия они напомнили вам, как можно подружиться со Мной.

Сейчас, в первый год нового тысячелетия, я говорю с вами одним голосом, чтобы мы могли испытать единение.

Стоит вам избрать это ощущение единения с Богом, и вы наконец узнаете покой, радость без границ, любовь в полном ее выражении и полную свободу.

Стоит вам выбрать эту истину, и вы измените свой мир.

Наши книги в Киеве можно приобрести

1. **«Мистецтво»** ст. м. Крещатик, ул. Крещатик, 24, тел. 228-25-26 (р)
2. **«Обрий»** ст. м. Арсенальная, Инженерный переулок 4-б, тел. 290-04-12 (р)
3. **«Академкнига»** ст. м. Университет, ул. Богдана Хмельницкого 42, тел. 224-01-07 (тел/ф), 224-51-42 (р)
4. **Эзотерический магазин в Планетарии** ст. м. Республиканский стадион, ул. Красноармейская 57/3, тел. 220-75-88(р)
5. **«Эра Водолея»** ст. м. Льва Толстого, ул. Бассейная 9-б, тел. 235-34-78(р), 246-59-84(тел/ф)
6. **Книжный рынок** ст. м. Петровка, 6 ряд 13 место, 14 ряд 9 место, 26 ряд 20 место, тел. 570-55-64 (д), (067) 236-49-85 (моб.)
7. **Отдел реализации «Софии»** ст. м. Лукьяновка, ул. Белорусская 36-а, менеджер: тел. 230-27-32 (тел/ф), нач. отдела реализации: 230-27-34

Наши книги можно приобрести

Магазины в Москве:

Магазин-клуб изд-ва «София», ст. м. «Таганская-радиальная»,
ул. Б. Каменщики, д. 4., тел.: 912-17-64

«Мир Печати», ст. м. «Белорусская», ул. 2-я Тверская-Ямская, д. 54, тел. 978-36-73

«Библио-Глобус», ст. м. «Лубянка», тел.: 928-86-28, 925-24-57

«Белые облака», ст. м. «Китай-Город», ул. Покровка, д. 3, тел.: 921-61-25

«Молодая гвардия», ст. м. «Полянка», ул. Б. Полянка, д. 28, тел.: 238-50-01

Московский Дом Книги, ст. м. «Арбатская», ул. Новый Арбат, д. 8, тел.: 290-45-07

«Москва», ст. м. «Тверская», ул. Тверская, д. 8, тел.: 229-64-83

«Путь к себе», ст. м. «Белорусская», Ленинградский пр-т, д. 10а,
тел.: 257-39-87

«Игра в бисер», тел.: 265-59-15

«Ямское поле», тел.: 257-04-90

В других городах России

С.-Петербург: «Роза Мира», ст. м. «Технологический институт»,
6-я Красноармейская ул., д. 23, тел.: (812) 146-87-36, 310-51-35

Новосибирск: «Топ-книга», ул. Арбузова, д. 111, тел.: (3832) 36-10-26, 36-10-27

Волгоград: «Техническая книга» ул.Мира, д. 11, тел.: (8442) 36-35-97

«Эзоп», ул. Ткачева, д. 9, тел.: (8442) 37-25-19

Ростов-на-Дону: «Баро-пресс», тел.: (8632) 62-33-03

Иркутск: «Продалитъ», тел.: (3952) 51-30-70

Ессентуки: ООО «Россы» ул. Октябрьская, д. 424, тел.: 6-93-09

Хабаровск: «Дело» тел.: (4212) 34-77-39

«Мирс», ул. Ким-Ю-Чена, д. 21, тел.: (4212) 22-74-58, 30-74-58

Нальчик: «Книжный мир», ул. Захарова, д. 103, тел.: (86622) 5-52-01

Екатеринбург: «Гуманитарий», тел.: (3432) 22-84-07

«Валео-Книга», тел.: (3432) 42-07-75. 42-56-00

Липецк: «7 Лучей», ул. Терешковой, д. 7/1, тел.: (0742) 34-81-24

Ижевск: «Рифма», тел.: (3412) 75-22-33

Тюмень: «Встреча» ул. Республики, д. 29, тел.: (3452) 43-12-42

Тамбов: «Богема», тел.: (0752) 47-27-72

Н. Новгород: «Дом книги», тел.: (8312) 44-22-73

Самара: «Катюша», тел.: (8462) 42-96-28

«Твой Путь», ул. Новосадовая, д. 149 (ТЦ Пассаж), тел.: (8462) 35-48-90 доб. 107

Пермь: ПБОЮЛ Поносов, тел.: (3422) 12-87-19. 12-97-23

Мурманск: «Тезей», ул. Свердлова, д. 40/2, тел.: (8152) 33-59-06

Научно-популярное издание

Нил Доналд Уолш
ЕДИНЕНИЕ С БОГОМ

Перевод
Н. Шпет

Редактор
И. Старых

Корректоры
Е. Введенская,
Т. Зенова,
Е. Ладикова-Роева

Оригинал-макет
И. Петушков

Обложка
О. Куклина

Подписано к печати 03.11.2001 г. Формат 84×108/32.
Бумага офсетная № 1. Гарнитура "Миньон".
Усл. печ. лист. 13,44. Зак. 4869.
Цена договорная. Доп. тираж 10 000.

Издательство "София",
03049, Украина, Киев-49, ул. Фучика, 4, кв. 25
http://www.ln.com.ua/~sophya

ООО Издательство "София",
Лицензия ЛР № 064633 от 13.06.96
109172, Россия, Москва, Краснохолмская наб., 1/15, кв. 108

ООО Издательский дом "Гелиос"
Изд. лиц. ИД № 03208 от 10.11.2000
109427, Москва, 1-й Вязовский пр., д. 5, стр. 1

Отдел реализации
в Киеве: (044) 230-27-32, (044) 230-27-34
в Москве: (095) 912-02-71

Отпечатано в полном соответствии
с качеством предоставленных диапозитивов
в ОАО «Можайский полиграфический комбинат».
143200, г. Можайск, ул. Мира, 93